내 생애 첫 명상

내 생애
첫 명상

박대성 지음

DongNam
동남풍P⃝lllg

추천의 글

| 수산 김경일 교무

　선禪명상은 불교 수행의 으뜸가는 수행법 가운데 하나입니다. 그래서인지 굳이 불교인이 아니더라도 선명상에 관한 호기심을 가진 사람들이 의외로 많이 있습니다. 하지만 대부분의 선 수행에 관한 책들이 일반 대중이 접근하는 데에는 어려움이 적지 않았습니다. 스님들이나 전문 수행자가 아니고는 보아도 알기가 쉽지 않았습니다. 그런데 본교에 재직 중인 박대성 교무가 선명상 방법에 관한 쉽고 유쾌한 안내서를 출간한다고 해서 추천의 글을 사양하지 않았습니다.

　박대성 교무는 원불교 교무 출가 전부터 선명상에 관심이 깊었다고 알고 있습니다. 예비교무 수학 과정부터 선에 대해 남다른 참구과정이 있었고, 태극권 같은 기공 수련에도 상당한 조예가 있습니다. 〈한울안신문〉 편집장 경험으로 쉽고 유쾌한 글솜씨도 이 책을 더욱 빛내주리라 기대하고 있습니다.

　이 선명상 안내서는 원불교『정전』의 '좌선법'을 기본으로 하고 있습니다. 원불교의 좌선법은 단전주丹田住 법을 근간으로 해서 기운을 바르게 하고 마음을 지켜 깊은 경지에 이르도록 하고 있습니다. 그래서 초입자는 초입자대로 깊은 수행자는 수행자대로 자기 근기에 따라 공부할 수 있는 점이 큰 장점입니다. 또한 몸과 마음의 수련을 병행하게 하여 초심자에게는 심신의 안정과 병고가 감소하는 매력이 있고 깊은 수행자에게는 고락을 초월하고 생사를 해탈하는 경지에 이르게 인도하고 있습니다. 선명상법 이외에도 생활을 떠나지 아니하고 일상에서 이를 활용하는 다양한 경험을 소개하고 있어 도움이 될 것으로 기대해 마지않습니다.

포스트 코로나는 우리 모두에게 삶의 근원에 관하여 묻고 있습니다. 5G 시대는 영과 육이 함께 건강하게 사는 법, 과학과 영성도덕이 함께 가는 문명방식에 대하여 요구하고 있습니다. 이 책 『내 생애 첫 명상』의 공덕으로 사람들이 답답한 마음의 갈증을 풀고 툭 트인 마음의 광장에서 유쾌한 삶을 누릴 수 있기를 심축합니다.

엄기영 원장
심신수련센터 밝은빛태극권

박대성 교무의 『내 생애 첫 명상』 출간을 축하드립니다. 박대성 교무는 동서양의 다양한 명상 및 심신 수련법을 연구하고 지도해 온 수련 전문가입니다. 교무님과 오랜 시간을 알고 지냈음에도 불구하고, 만날 때마다 느끼는 연구의 넓이와 체험의 깊이는 저로 하여금 경탄을 그칠 수 없게 합니다. 이제 그 일부를 세상을 위해 한 권의 책으로 토해내게 되니 기쁜 마음 감출 수 없습니다.

원불교를 세운 소태산 대종사님은 뛰어난 선각자先覺者입니다. 대종사님의 삶의 궤적을 따라가다 보면 한 존재의 구도에 대한 정성에 감동하게 되고, 자신의 성취를 세상 사람들에게 나누어 주고자 한 보살행에서 끝없는 인간애를 느낄 수 있습니다. 또한 '물질이 개벽되니 정신을 개벽하자'라는 짧은 글귀만으로도 대종사님의 시대를 뛰어넘는 깊은 통찰을 한없이 느낍니다. 이 말씀대로 지금 시대는 사람들 각자가 정신을 올바르게 훈련하여 삶의 순간순간을 바르게 풀어나감이 꼭 필요로 하는 때입니다.

이제 우리는 박대성 교무의 친절한 길 안내로 소태산 대종사님의 높은 경지를 만날 수 있게 되었습니다. 이 길을 잘 따라가시면 저절로 대종사님께서 말씀하신바, '선악善惡을 초월한 지선至善과 고락苦樂을 초월한 극락極樂의 자리'에 당도할 것이라 확신합니다. 인연 있는 모든 분들이 그 자리에서 구멍 없는 피리 소리에 맞춰 같이 춤추시길 기원합니다.

> 이필원 교수
> 동국대학교 경주캠퍼스 파라미타칼리지

박대성 교무와는 오래된 인연으로, 긴 시간을 같이 공부하며 지냈습니다. 늘 무엇인가를 탐구하는 자세는 구도자의 모습이었고, 자신이 갈고 닦은 것을 펼치는 모습은 보살의 모습이었습니다. 오랜 시간 동양의 명상전통과 서양의 명상프로그램 및 심리이론을 공부한 결실을 이제 세상에 내놓았습니다. 같은 동학으로서, 도반으로서 교무님의 『내 생애 첫 명상』 출간을 참으로 기쁜 마음으로 축하드립니다.

소태산 대종사님은 구한말, 일제강점기 고통의 시절에 도탄에 빠진 민중을 일깨워주신 큰 성인입니다. 쇠락해 가는 민족의 고통을 보듬어 안고, 민족의 틀을 넘어 보편적 인류애의 가치를 실현하고자 한 보살행의 구현자이셨습니다. 대종사님은 사은사상(천지, 부모, 동포, 법률)을 통해 세상의 모든 존재들이 이미 참된 은혜를 입은 존재임을 밝히셨습니다.

박대성 교무는 이러한 대종사님의 가르침을 받아 실천하는 제자로서, 그 배우고 익힌 바를 세상 사람에게 회향하고자 이 책을 발간하였습니다. 세상의 고통을 외면하는 깨달음은 없습니다. 그런 만큼 이 책은 고통받는 많은 사람에게 올바른 지남指南이 될 것입니다.

| 이성준 박사
| 삼성영덕연수원 명상 강사, 아주대학교 사회과학연구소 연구원

이 책을 보고난 느낌이 뭘까 떠올려 봤습니다. 80년대와 90년대에 어린 시절을 보냈던 분들은 알지도 모르는 '미니대백과'가 기억이 났습니다. 크기는 성인 손바닥 크기의 책인데, 그 시대의 어린이들이 많이 좋아했던 책 중 하나입니다. 여러 시리즈로 나왔는데, 인기가 있던 것은 로봇대백과 시리즈가 인기였고, 저는 미니대백과 시리즈 중 마술대백과를 구입했었습니다. 왜 그 책이 떠올랐을까요? 미니대백과를 구입해서 읽던 그 날 밤의 느낌과 똑같은 느낌을 바로 이 책을 읽고서 떠올랐습니다. 책은 작지만 웬만한 내용을 다 담고 있었던, '미니대백과'가 주던 작지만 알찬 느낌. 그건 참 잊기 힘든 경험이었습니다.

박대성 교무의 이 책은 명상을 실제로 하도록 돕는 것들로만 채워져 있습니다. 하지만, 그렇다고 해서 책이 두꺼워서 읽기 전에 꺼려지는 마음이 들지도 않습니다. 두께를 보고는 "어! 부담 없이 읽을 만한데!"라고 생각하실 겁니다. 다 읽고 나면, 마치 저나 독자들이 어린 시절 '미니대백과'를 통해서 경험했던 것처럼 그 알찬 내용에 놀라실지도 모릅니다.

책을 읽다 보면, 때로는 세상을 바라보는 그의 위트 넘친 말에 담긴 순수의 눈으로, 때로는 세상에 큰 호통을 치는 듯한 노련함의 눈으로, 명상의 모든 것을 안내받으실 수 있을 겁니다. 아마,

이 '명상 미니대백과'를 다 읽고 난다면, 따로 다른 책을 보실 필요가 없을지도 모릅니다. 이제 남은 것은 독자 여러분이 나름의 수련을 통해서 얻을 것들입니다. 수행을 해나가는 중 어린 시절 그 미니대백과처럼 옆에 꼭 놔두고 보세요.

민김종훈(자캐오) 신부
대한성공회 서울교구 용산나눔의집 원장·사제 & 정의평화사제단 총무

'마음공부' 강의를 듣는데 웃음소리가 넘쳐난다? 성공회 서울교구에서 운영하는 신자 사역직 과정에 박대성 교무를 초대해, '마음공부'에 대한 소개와 실습을 진행한 적이 있었습니다. 여러 외부 강사를 모셨지만, 그날만큼 웃음소리가 넘쳐나고 '즐거운 공부였다'라는 후기가 많았던 날은 드물었습니다. '낯선 이웃 종교의 영성 이야기인데 열린 마음으로 듣고 참여하게 하는 강의'라는 후기도 있었습니다.

나를 비롯한 많은 이들이 가질 수 있는, '마음공부는 정적이다, 낯설다'라는 선입견을 명확하게 깨준 시간입니다. 박대성 교무가 소개하고 만나게 해준 '마음공부'는 그저 머물러 있는 게 아닌, 또 다른 나와 쉽게 지나치던 삶으로 안내하는 역동적인 깨달음이었습니다. 아직 알지 못하는 또 다른 나와 삶의 이야기를 만나고 싶다면, 『내 생애 첫 명상』이 소개하는 '마음공부'를 만나보기를 추천합니다.

여는 글

"모든 날이 첫날입니다"

낯선 한옥 건물 옆에 구부정한 소나무, 살짝 삐거덕거리던 선방禪房 마루의 촉감, 숱한 소원들을 소복이 끌어안은 향내를 맡으며 까만 동그라미 앞에 앉아 처음 명상을 하던 25년 전 그날이 어제 일처럼 또렷합니다.

'한 두렷한 기틀[一圓相]'에 매혹된 소년은 진리의 자취를 엿보고 싶어 이 길에 들어섰습니다. 그동안 작은 성취에 기뻐서 펄쩍 뛰기도 하고[歡喜踊躍], 숱한 경계의 몸살로 긴 밤을 새우기도 하다 어느새 어른이 됐습니다. 이렇게 지금까지 쌓아온 모든 기억을 하룻밤 꿈처럼 날려 보내고 나니 오늘 아침 눈 비비고 앉은 이 시간이 비로소 『내 생애 첫 명상』이 되었습니다.

그동안 공부한 내용을 감히 나누고 싶어 틈틈이 정리한 글을 모아 보았습니다. 이 책은 원불교를 처음 접한 분들이 어떻게 선

명상禪瞑想을 해야 하는지 도움을 드리기 위해 쓰였습니다. 한편 명상에 관심이 있는 분들께 원불교에서는 어떤 명상을 하는지 알려드리기 위한 이유도 함께 담았습니다.

이 작은 책이 있기까지 많은 분의 격려와 성원이 있었습니다. 나의 첫 명상 스승이자 멘토인 일산 김선명 교무님, 영광·서울·부천의 '길용선방吉龍禪房'에서 함께 정진했던 도반들, '선禪으로 선線을 넘다'는 연작 회화로 책을 빛내준 이대혁 교무님, 꼼꼼한 교정으로 문장 하나하나를 채워준 이경민 정토님, 소담한 책으로 묶어준 도서출판 동남풍 식구들에게 머리 숙여 감사의 인사를 올립니다.

오롯한 전무출신으로 일생을 봉직하시다 올해 정년퇴임을 맞이하신, 영혼의 어머니 능타원 황법심 교무님께 사랑과 존경을 가득 담아 이 책을 올립니다. 글의 부족함은 모두 저의 탓이고, 공덕은 온전히 이분들의 것입니다.

원기105년(2020) 7월의 어느날
무제당無際堂에서 박대성 합장

차례

추천의 글 • 4

여는 글 • 10

몸 고르기

01 그저 앉기만 하면 됩니다 • 16
02 '누구'라도 할 수 있는 것 • 19
03 우선 힘을 빼세요 • 22
04 손 모양은 어떻게? • 26
05 아픈 다리는 어떡하죠? • 29
06 단전이란 무엇인가? - 1 • 32
07 단전이란 무엇인가? - 2 • 36

숨 고르기

08 명상은 숨쉬기부터 - 1 • 42
09 명상은 숨쉬기부터 - 2 • 45
10 명상은 숨쉬기부터 - 3 • 49
11 수승화강 - 1 • 52
12 수승화강 - 2 • 55

마음 고르기

13 적적성성 성성적적 • 62
14 망념은 망념이 아니다 • 65

15 간지러울 땐 어떻게 하나요? • 69
16 대상은 실상이 아니다 • 72
17 오래오래 계속하면 • 76

| 명상의 이로움

18 경거망동하는 일이 차차 없어지는 것 • 82
19 육근 동작에 순서를 얻는 것 • 84
20 병고가 감소되고 얼굴이 윤활하여지는 것 • 87
21 기억력이 좋아지는 것 • 90
22 인내력이 생겨나는 것 • 93
23 착심이 없어지는 것 • 96
24 사심이 정심으로 변하는 것 • 99
25 자성의 혜광이 나타나는 것 • 102
26 극락을 수용하는 것 • 106
27 생사에 자유를 얻는 것 • 109

| 뜻 고르기

28 판단하는 것이 아니다[非思量] • 114
29 인내심을 가져라[執忍勇] • 117
30 처음 시작할 때의 그 마음[初發心] • 120
31 믿음을 지키라[守信心] • 124
32 애쓰지 마라[不用力] • 127

	33 받아들여라[持受用] • 130
	34 내려놓아라[都放下] • 133

명상과 마음공부	
	35 명상의 STAR 공식 - 1 • 138
	36 명상의 STAR 공식 - 2 • 141
	37 명상의 STAR 공식 - 3 • 144
	38 원불교와 마음챙김 - 1 • 147
	39 원불교와 마음챙김 - 2 • 150
	40 원불교와 마음챙김 - 3 • 154
	41 원불교와 마음챙김 - 4 • 156
	42 마음공부의 네 단계 • 159
	43 결국은 사실적 도덕의 훈련이다 - 1 • 162
	44 결국은 사실적 도덕의 훈련이다 - 2 • 165

부록	
	실습 _ 그림모음 • 170
	작품 의도 및 구성 • 175
	용어 풀이 _ 가나다순 • 176

일러두기 _ 본문의 별색 글씨로 표시된 단어는 부록에 용어 풀이가 있습니다.

몸 고르기

01 그저 앉기만 하면 됩니다

들어가는 글

각박한 삶 속에서 종종 이런 생각이 들 때가 있습니다. '나도 조용한 산사山寺에 들어가 명상이나 하며 마음 편하게 며칠 지내고 싶다.' '회사 때려치우고 제주에 내려가 올레길을 산책하며 여유롭게 살았으면 좋겠다.' '명상을 하면 몸과 마음의 건강에 도움이 된다는데 어디 배울 데 없을까?'

이런 생각들은 결국 전쟁터 같은 일상 속에서 산산조각 나기 다반사입니다. 조용한 곳에서 마음을 다지면 좀 편해질 것 같아 며칠간 '템플스테이Temple Stay'나 마음을 닦는 훈련에 다녀와도 일순간 고요했던 마음은 2~3일을 넘기기 힘듭니다.

내 마음 안에 천당도, 지옥도 건설되어 있다고 성현이 말씀하셨지만 바쁜 삶 속에서 이를 알아차리기가 어디 쉬운 일일까요? 큰마음 먹고 매일 조금씩 명상이라는 걸 해보고자 방석을 펴고 자리에 앉아 호흡을 가다듬어 보지만 선禪이나 명상冥想이라는 세계에 쉽사리 자리 잡기가 어렵습니다.

그러나 단 5분도 버티기 힘든 집중력과 가부좌도 안 되는 굵고 짧은 허벅지를 원망하고 있기에는 시간이 너무 아깝습니다. 그동안 저 높은 곳에 머무는 신선神仙 같은 소수의 사람만이 하는 것이라고 오해했던 '선과 명상'을 일상 속에서 누구나 접할 수 있도록 전해주신 원불교의 창시자 소태산 대종사님의 자상한 말씀을 중심으로 『내 생애 첫 명상』을 꾸려나가 보겠습니다.

이제 '지금 여기Now&Here'에서 저와 함께 조금씩 실천해봅시다. 그저 따라 하기만 해도 얼마 지나지 않아 세상이 달라 보이고 사람이 달라 보일 것입니다. 그럼 출발하실까요?

'이 죽일 놈(?)의 일상'

여러분은 오늘 하루 어떻게 지내셨나요? 인간관계에서 받은 상처를 꾹꾹 누르며 화를 삭이고 있지는 않으신지요? 어깨를 짓누르고 있는 과중한 업무 스트레스, 이제는 자신이 무슨 감정에 휩싸여 있는지도 알아차리기 어려울 정도로 무감각해지고 있지는 않나요? 이 거친 세상에 맞서 지지 않으려고 발버둥을 치며 남을 밟고서라도 최고의 자리에 서려고 애쓰고 있지는 않으신가요?

무엇에도 집중하기가 어려워 생각은 야생마처럼 천리 밖으로 도망가 버리고 몸은 천근만근으로 알람시계 없이는 일어나기도 어려운 상황에 처해 있지는 않으신지, 자신을 원망하고 세상을 원망하고 심지어 조상까지 원망하고 계시진 않나요? 그러나 선방禪房에 들어선 이 순간만큼은 무엇도 두려워하거나 부담스러워할 필요 없이, 있는 그대로의 자신을 만나는 시간을 가질 수 있습니다.

명상이나 좌선을 하지 않더라도 '때때로' 평화롭고 근심 없이 살 수 있습니다. 그러나 명상을 통해서 꾸준히 자신을 대면하는 시간을 갖는다면 '늘' 평화롭고 걱정 없이 살 수 있습니다. 우리가 세 끼 밥을 챙겨 먹듯 명상을 통해 마음을 챙긴다면 위에 열거한 마음의 고통으로부터 조금 더 자유로울 수 있습니다.

자, 이제 우리 눈앞에 명상을 위해 준비된 방석이 하나 놓여 있습니다. 그저 앉기만 하면 되는 거지요. 흔히 좌선이나 명상에 앞서 무엇을 준비해야 하는지 하는 질문을 많이 받습니다. 그러나 제가 부탁드리고 싶은 준비물은 단 하나입니다. 바로 그 '마음'만 가지고 오시면 됩니다.

02 '누구'라도 할 수 있는 것

"좌선의 방법은 극히 간단하고 편이하여 아무라도 행할 수 있나니, 좌복을 펴고 반좌(盤坐)로 편안히 앉은 후에 머리와 허리를 곧게 하여 앉은 자세를 바르게 하라." 『정전』'좌선법' 좌선의 방법 1.

명상을 떠올리면 편안히 자리에 앉는 자세를 떠올리게 됩니다. 사람이 취할 수 있는 다양한 자세가 있는데 왜 하필 '앉아서' 명상을 할까요? 기왕이면 누워서 하면 더 좋지 않을까요? '달리다 힘들면 걷고(行) 싶고, 걷다 힘들면 서고(住) 싶고, 서있다 힘들면 앉고(坐) 싶고, 앉는 것도 힘들면 눕고(臥) 싶고, 눕다 보면 스르르 눈이 감긴다.'는 말이 있습니다. 일반적으로 '행주좌와(行住坐臥)'라고 표현하는 기본적인 신체동작들입니다.

그 가운데에서도 가장 중간에 위치한 동작이 바로 '앉는 것'입니다. 눕는 것보다는 집중이 쉽고 걷거나 뛰는 것보다는 이완이 잘되는 중도에 맞는 동작이 바로 앉는 것이죠. 그래서 우선 명상은 잘 앉는 것에서부터 시작합니다.

원불교의 문을 열어주신 소태산 대종사께서는 『정전』「수행편」'좌선법', '좌선의 방법'에서 이렇게 말씀하고 계십니다. "좌선의 방법은 극히 간단하고 편이하여 아무라도 행할 수 있나니, 좌복[명상용 방석]을 펴고 반좌[盤坐 : 두 무릎을 수평으로 고르게 앉는 방법]로 편안히 앉은 후에 머리와 허리를 곧게 하여 앉은 자세를 바르게 하라."

명상을 즐기는 분들은 흔히 몸을 조복調伏의 대상, 즉 극복해야 할 대상으로 여기기 쉽습니다. 몸의 고행苦行이나 난행難行을 수행의 지름길로 아는 경우가 많이 있지요. 석가모니 부처님께서도 6년 동안 혹독한 고행을 거친 것으로 알려져 있는데, 결국에는 그러한 고행이 마음공부에 별 도움이 되지 않는다는 것을 알게 되어 고행을 접고, 중도中道의 실천을 통해 도를 깨치셨다고 합니다.

소태산 대종사께서도 마찬가지로 처음 마음을 내어[發心] 수행하던 시절 극심한 고행으로 몸이 상하는 지경에 이르시기도 하여, 후대 제자들에게는 당신이 제시한 대승大乘 수행을 본받을지언정 헛된 고행은 하지 말라고 가르치셨습니다. 우리는 명상이 유별나고 독특한 사람만 한다는 고정관념을 갖는 경우가 많습니다. 이전에는 그런 방식으로 배우거나 가르친 경우도 없지 않았지만 '극히 간단하고 편이하여 아무라도 행할 수 있다'는 말씀에 주목해야 합니다.

    이 말씀은 단순한 격려 차원에서 하는 말씀이 아니라 사실이 그렇다는 것입니다. 그러나 우리 인간의 몸은 구조상 한두 시간 이상의 고정된 자세로 있을 경우 각 부위의 관절에 상당한 무리가 됩니다. 명상이나 좌선에서도 마찬가지로 허리와 고관절 등을 미리 바른 자세로 갖춰 좌선을 하게 된다면 이러한 고통을 상당 부분 감소할 수 있습니다.

    원불교의 종법사[최고 지도자]를 역임하신 대산 김대거 종사 [1914~1998]께서는 좌선을 할 때 '허리를 반듯이' 세워 '요골수립腰骨堅立' 할 것을 알려 주셨습니다.

[그림 1]

허리를 세우기 위해 억지로 힘을 주며 버티는 것이 아니라, 정수리를 단정하게 세우고 턱을 당겨 아래로 늘어지지 않게 하는 것이 중요하며[그림 1] 다음에는 가슴에 힘을 빼고 꼬리뼈를 뒤로 밀듯이 세우면 기본적인 요골수립이 가능합니다.

03 우선 힘을 빼세요

우리가 명상의 자세에 대해서 오해하기 쉬운 것이 허리를 꼿꼿이 세우는 요골수립을 한다고 하면서 자칫 가슴을 과하게 쭉 내밀 듯이 펴야 된다고 생각하는 경우가 있습니다. 이 자세가 보기에는 좋을지 몰라도 실제로 그렇게 앉아서는 기운을 아래로 내리기 어렵고 호흡이 도리어 명치 끝에 걸리기 쉽습니다.

그러므로 허리를 곧추 세우되 가슴에 힘을 빼고 등을 평평하게 펴는 자세가 필요합니다. 말 그대로 가슴[명치 끝]을 자연스럽게 가라앉히고, 어깨와 팔꿈치를 편안히 떨어뜨린 상태에서 등의 좌우 견갑골 사이가 충분히 펼쳐지게 하는 것입니다.[그림 2]

그런 다음 등과 허리를 펴야 합니다. 가슴을 지나치게 펴면 일단 숨이 금방 차오르게 됩니다. 반대로 지나치게 가슴을 오므려도 한쪽에 치우치게 됩니다. 가슴을 활짝 폈을 때와 오므렸을 때

중 어느 쪽이 숨을 쉬는 데 편한지 실험해 보면 전신에 힘을 뺀 다음 가슴과 등이 고루 평평한 자세일 때 호흡이 훨씬 편하다는 것을 쉽게 알 수 있습니다. 그런 뒤에 전신의 힘을 단전에 툭 내려놓기에 적합해집니다.[그림 3]

[그림 2]

'요골수립'과 한 쌍을 이루는 문장이 '긴찰곡도緊紮穀道'입니다. '긴찰'은 긴장과 이완을 의미하는 것이고, '곡도'는 곡식穀食의 길, 소화기 계통의 내장 또는 항문을 의미합니다. 일반적으로 항

[그림 3]

몸 고르기 • 23

문을 꽉 조인다는 의미로 이해하기 쉽습니다. 사람이 숨을 거둘 경우 가장 먼저 풀어지는 부위가 항문이라고 합니다. 반면에 평상시에는 의식하지 않아도 저절로 긴장되어 있는 부위이기도 합니다.

그러나 '긴찰곡도'는 항문肛門을 의도적으로 조이라는 의미가 아닙니다. 항문 자체는 일종의 문門이지 길[道]이 아니기 때문입니다. 다시 말하자면 사람의 생식기와 항문 사이에 위치한 회음혈會陰穴이라는 곳에 마음을 집중하는 것이 긴찰곡도의 바른 의미라고 이해하시면 좋습니다. 이 회음에 의식을 집중하면 단전에 기운을 모으기가 수월해집니다. 그런 뒤에 결과적으로 항문도 조여지게 됩니다. 그러나 반대로 항문에 인위적으로 힘을 주고 앉으면, 호흡이 가로막히게 됩니다.

무술이나 스포츠를 처음 수련할 때 공통적으로 '힘을 빼라'는 조언을 듣게 됩니다. 우리가 신체 어느 부위든 인위적인 힘을 주게 되면 그 부위가 경직되고 막히게 됩니다. 막히면 기가 한 곳에 쌓이고 통하지 않게[不通] 됩니다. 이 불통을 풀기 위해서라면 우선적으로 힘을 빼고 내려놓는 연습을 해야 합니다.

상황에 따라 자기도 모르게 특별히 긴장하는 신체 부위가 있습니다. 저는 학창 시절에 어깨에 힘을 주고 다녀서 선생님께 지적을 받았던 기억이 있습니다. 신체 심리적으로 볼 때 어깨에 힘을 준다는 것은 자신을 과시하기 위해서거나, 과도한 책임감이 몰려 있다고 해석할 수 있습니다. 또 다른 예로 평소에 허리가 긴장되어 있다면 불안감이 그 원인일 수 있습니다. 자신이 평상시에 어느 부위에 무의식적으로 힘을 주거나 긴장하는지 몸에 대하여 알아차리는 것도 좋은 명상의 주제가 됩니다.

불필요한 긴장을 놓는 것은 마음을 닦는 명상이나 몸을 닦는 스포츠나 같은 원리가 적용됩니다. 특히 명상은 집중과 이완 중 어느 하나를 선택해야 하는 것이 아니라, 활용하는 것을 배우는 데 그 묘미가 있습니다. 몸에 힘이 빠져야 마음의 힘도 빠집니다. 그런 후에 집중도 이완도 자유롭게 할 수 있습니다.

04 손 모양은 어떻게?

　사찰에 가면 법당에 모셔진 부처님을 보게 됩니다. 많은 부처님과 보살들이 앉아있는 모습은 거의 동일한데 손의 모양은 제각각 다릅니다. 석가모니 부처님의 경우에는 왼손바닥은 위로하여 배꼽 앞에 놓고 오른손가락 끝은 땅을 가리키는 '항마촉지인降魔觸地印'을 주로 하고 계십니다.
　마왕이 부처님께 "깨달았다는 사실을 어떻게 증명할 수 있냐"라고 따지자 땅을 수호하는 지신地神이 증명할 것이라며 땅을 가리켰다는 설화를 형상화한 것입니다. 이외에도 왼손 검지를 오른손으로 감싸 쥐는 법신 비로자나불의 지권인智拳印, 엄지손가락을 맞닿아 둥근 원을 만들어 아랫배에 올려놓아 주로 명상할 때 쓰는 선정인禪定印 등 다양한 수인手印을 볼 수 있습니다.
　원불교에서는 특별히 좌선이나 명상을 하는 가운데 특정한 손 모양을 취하라고 가르치지는 않습니다. 다만 일반적으로 '악고握固'를 한 뒤 무릎 위에 단정히 올려놓는 자세를 갖추는 경우가 많습니다. 이 모양은 의식과 기운이 외부로 빠져나가게 하지 않고 단전에 집중시키는데 유리합니다.[그림 4]

[그림 4]

이와 달리 양 손바닥을 하늘로 향하게 뒤집어 무릎에 올려놓을 수도 있습니다.[그림 5] 이렇게 손 모양을 취하면 이완이 쉽게 되어 긴장이나 스트레스 등으로 들뜬 마음을 가라앉히는데 도움을 줍니다. 다만 어깨가 긴장될 수 있으니 주의해야 합니다.

이와는 반대로 손바닥이 무릎을 감싸는 형태로 할 수도 있습니다. 이런 경우에는 집중을 원활하게 하는데 도움이 됩니다. 이 둘을 혼합한 형태로 한 손은 하늘로 뒤집고 한 손바닥은 아래로 향하여 화평和平하게 할 수도 있습니다. 두 손을 나란히 포개서 아랫배에 가

[그림 5]

볍게 내려놓아 적절한 집중에 적합한 자세를 만들 수도 있습니다.[그림 6] 어떠한 손 모양을 갖추든지 직접 해보고 자신에게 적합한 것을 선택하는 것이 좋습니다.

좌선이나 명상 시간에 손 모양을 자주 바꾸는 것은 집중이 흩어지는 결과를 가져오므로 피해야 합니다. 간혹 겨울철에 춥다고 가랑이 사이로 손을 모아 집어넣는 경우가 있는데 이는 선을 하지 않겠다는 선언과 같습니다.

[그림 6]

05 아픈 다리는 어떡하죠?

자리에 앉는 법은 두 다리를 전부 허벅지에 올려놓는 결가부좌와 한쪽 다리만 반대쪽 허벅지에 올려놓는 반가부좌 등이 있습니다. 인도와 서양인[다리가 길고 허벅지가 얇은] 들은 조금만 단련을 해도 결가부좌를 취하는 데 큰 무리가 없습니다. 하지만 우리 같은 동북아시아인의 경우 태생적으로 결가부좌에 무리가 있어 억지로 하다가는 골반에 염증 등이 생길 수 있으니 초심자의 경우에는 굳이 결가부좌를 고집해 다리의 고통을 감수할 필요는 없습니다.[그림 7]

[그림 7]

반가부좌도 어느 쪽 다리를 올리든지 반드시 번갈아 가며 해야 골반이 틀어지지 않습니다.[그림 8] 또한 두 무릎이 지면과 일치해야 하므로 초심자의 경우 좌복[쿠션이나 방석]을 '반드시' 사용해야 합니다. 허리의 힘이 길러지지 않은 초심자가 이를 무시하고 맨바닥에 앉는다면 자연히 허리가 구부정해지고 골반이 틀어지기 쉽습니다.

[그림 8]

원불교의 경전인 『정전』에서는 '반좌盤坐'로 앉을 것을 권하는데 이는 우리가 생활 속에서 사용하는 소반小盤이나 쟁반錚盤처럼 다리가 한쪽으로 기울어지지 않고 두 무릎이 수평을 유지하여 앉으라는 의미입니다. 반좌로 앉기 쉬운 방법은 어느 쪽 다리든지 한쪽 발꿈치를 회음會陰 쪽으로 바짝 당기고 나머지 다리를 그대로 접어 겹치게 하는 것입니다.[그림 9]

이 자세는 상대적으로 가장 편안하게 얼마든지 좌선에 집중할 수 있는 자세입니다. 어떠한 다리 모양이든지 본인이 직접 해보고 뒤에 자신에게 편하고 안정적인 자세를 갖추는 것이 가장 좋습니다. 다만 번갈아 가며 다리 모양을 취해야 몸이 한쪽에 치우치지 않고 관절에도 무리가 가지 않습니다. 중요한 것은 외적인 자세로 상대방의 공부 실력을 평가하는 실수를 범하지 않는 것입니다.

초보자의 경우 5분만 넘어도 다리에 통증이 생길 수 있습니다. 이럴 경우에는 망설이지 말고 다리를 바꿔 주면 됩니다. 좌선은 목숨을 걸어야

[그림 9]

하는 고행苦行이 아니고 여러분은 아직 고수高手가 아닙니다. 그러니 버티거나 싸우지 마시고 살짝 바꾸시면 됩니다. 오히려 다리 모양이나 자세를 바꿀 때 주의 깊게 자신의 통증과 동작을 살펴보는 그 자체가 명상의 한 가지가 됩니다.

06 단전이란 무엇인가? - 1

"전신의 힘을 '단전丹田'에 툭 부리어 일념의 주착도 없이 다만 단전에 기운 주해 있는 것만 대중잡되, 방심이 되면 그 기운이 풀어지나니 곧 다시 챙겨서 기운 주하기를 잊지 말라." 『정전』'좌선법' 좌선의 방법 2.

원불교 명상수행의 특징 가운데 하나가 몸과 마음을 하나의 대상으로 보는 것입니다. 그래서 이 둘을 하나로 일치시키기 위해 '단전'이라는 신체 부위에 마음을 연결 또는 접지Grounding하는 연습이 필요합니다. 이것을 원불교만의 독특한 명상법인 '단전주선 丹田住禪'이라고 부릅니다.

단전은 깊은 명상 수행으로 얻어진 마음의 힘인 '영단靈丹'을 뭉치고 저장하는 부위를 의미합니다. 일반적으로 상·중·하의 세 가지 단전이 있다고 알려져 있습니다. 상대적으로 중요한 하단전의

위치는, 배꼽 아래 세 치 [臍下 三寸 : 약 9~10cm] 정도 되는 곳이라고 합니다. [그림 10]

동양 전통의 양생養生 법인 내단술內丹術에서의 상단전은 이마의 양 눈썹 사이의 혈자리인 인당印堂 안쪽에서 시작해 정수리의 백회百會가 만나는 뇌하수체 부근을 의미합니다.

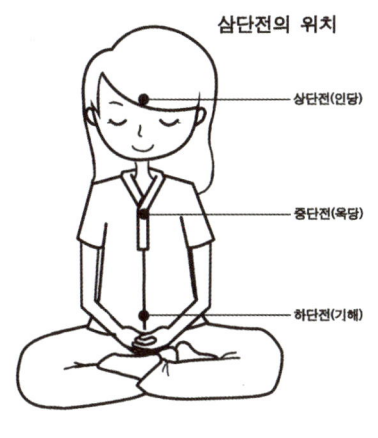

[그림 10]

통찰력과 지혜의 에너지라 할 수 있는 '신神'이 깃드는 장소입니다. 중단전은 가슴 중앙에 위치한 명치 끝 혈자리인 단중丹中입니다. 장기로는 심장을 의미합니다. 정서와 감성 에너지로 이해할 수 있는 '기氣'가 자리 잡고 있는 중심입니다. 하단전은 배꼽 아래 세 치 정도에 위치한 혈자리인 기해氣海로 선천적인 기운 또는 생명력으로 이해할 수 있는 '정精'의 중심입니다.

중국 전통 종교인 도교에서는 하단전에 호흡과 의식의 집중으로 정이 쌓이게 하여 기로 변화하고[練精化氣], 이에 따라 중단전에 기가 모이면 신으로 변화하며[練氣化神], 상단전에 신이 모이면 허공과 같은 경지로 돌아간다[練神還虛]고 주장합니다. 이 세 가지 단전에 대한 수련에 통달하면 최종적으로 도를 깨닫게 된다[練虛合道]고 합니다.

기공氣功 수련에서는 기를 전신으로 크게 한 번 돌려 순환시키는 '주천周天' 법을 취하고 있는데, 하단전에 모인 정기를 회음과 꼬리뼈[미려혈]를 시작으로 척추의 독맥督脈으로 끌어 올려 정수리를 거쳐, 몸 앞쪽의 임맥任脈으로 내려와 원래 위치인 하단전으로 회전하는 것으로 불로장생不老長生을 추구합니다.

원불교에서 단전은 주로 하단전을 가리키며 건강과 위생에 유익한 '수승화강水昇火降'의 원리로 설명합니다. 단전을 지속적으로 관찰하고 마음을 머물게 하는 단전주 수행법을 통하여 신장의 물[水]기운을 끌어올리고, 심장의 불[火]기운을 단전으로 내림으로써 심신의 조화를 꾀하도록 합니다.

『정전』'좌선법'에서는 "마음을 단전에 주하고 옥지玉池에서 나는 물을 많이 삼켜 내리면 수화가 잘 조화되어 몸에 병고가 감소되고 얼굴이 윤활해지며 원기가 충실해지고 심단心丹이 되어 능히 수명을 안보하나니, 이 법은 선정禪定상으로나 위생상으로나 실로 일거양득 하는 법이니라"라고 하셨습니다.

정리하면, 단전丹田은 인체의 세 부위에 위치한 에너지의 중심을 의미합니다. 일반적으로 두 눈썹 사이를 상단전, 명치 부분을 중단전, 배꼽 아래 부근을 하단전이 자리 잡은 위치라고 봅니다. 원불교에서는 주로 하단전에 의식과 기운을 챙기도록 가르칩니다. 하단전의 경우에도 깊이와 위치에 따라 기해氣海와 석문石門 등으로 분류되기도 합니다. 개인적으로는 단전에 대하여 신비하고 복잡한 견해를 갖지 않도록 지도하는 편입니다. 쉽게 말해 단전은 배꼽아래 한 지점을 의미한다고 보시면 됩니다.

현대인들은 단전을 신체에 위치한 특정 부위로 이해하는 것보다는 우리 몸의 균형을 잡아주는 '내부코어근육'으로 이해하는 것이 쉬울 것 같습니다. 이 부위는 내 몸의 지렛대 역할을 하는 곳으로 에너지가 쉽게 모이고 작용하는 곳으로 보면 됩니다.

호흡을 통해 횡격막, 복횡근, 그리고 골반기저근이 자극되면, 복압이 발생하여 단전을 자극하게 됩니다. 이에 따라 '수승화강'이라 불리는 생리적 열전달의 대류 현상이 발생하게 됩니다. 이것이 단전 활성화에 기본적인 조건이 됩니다.

단전은 무협 영화에 나오는 초현실적인 작용의 중심이 아니라 우리 같은 일반인들이 하루하루를 충실하게 살아갈 수 있는 의식과 기운이 모이는 내 몸의 주요 부위입니다.

07 단전이란 무엇인가? - 2

하단전에도 세 개의 혈穴이 존재합니다. 배꼽을 중심으로 치골까지 일직선으로 놓고 순서대로 각각 기해氣海, 석문石門, 관원關元이라고 불리는 혈자리입니다. 이 가운데 기해와 관원은 각각 선도仙道와 한의학에서 전통적으로 단전으로 여겨져 왔던 곳입니다. 원불교의 초기 경전인 『불교 정전』에서도 일본의 임제종[화두참선을 하는 종파]을 크게 일으킨 백은 선사[白隱 禪師, 1685~1768]의 저서 『원라천부遠羅天釜』를 인용해서 기해를 단전으로 지칭했습니다.

석문은 두 혈 중심에 있는 곳이며 한때 석문호흡이 유행하면서 단전으로 지칭되기 시작했습니다. 음혈인 기해, 양혈인 관원의 가운데 위치한 석문이 위치나 작용상에서 가장 단전에 가깝다는 주장을 합니다. 동양 수행론의 관점에서 단전은 상단전, 중단전, 하단전으로 구분됩니다. 이를 신체 기관과 연결하자면 상단전은 뇌,

중단전은 심장, 하단전은 내장 기관을 의미합니다. 단전의 위치에 관한 설은 그 수가 다양하여 일일이 옮기기 어려울 정도입니다.

그러나 일반적으로 단전 수련을 통해 하단전의 정기精氣가 충만해짐에 따라서 중단전의 기운氣運이 자라나고 결국에는 상단전의 신명神明이 밝아지는 경지에 이르러 영적인 완성에 도달한다고 봅니다. 원불교 선명상禪瞑想에서는 주로 하단전을 중심으로 마음을 그곳에 집중[저는 개인적으로 접지(接地) 또는 그라운딩(Grounding)이라는 표현을 씁니다]할 것을 강조하고 있습니다. 단전의 위치에 대해서는 다양한 설이 전해지고 있지만 원불교에서는 아랫배 또는 배꼽 밑 정도로만 보고 있습니다.

단전은 실존하지 않는 기관입니다. 엑스레이로 촬영을 해도, 해부를 해도 확인할 수 없는 기관입니다. 실제로 존재하지 않는 단전을 수련하는 것이 허망한 일이 아니겠느냐고 반문할 수도 있습니다. 그럼에도 마음작용과 같이 집중하면 알아차릴 수 있고 놓으면 사라져 버리는 원리에 있어 몸과 마음을 연결시키는 가장 효율적인 신체 부위가 단전이라고 할 수 있습니다. 그렇기 때문에 사실 기해니 관원이니 어느 특정한 위치가 중요하다고 단언할 수 없습니다.

정신의학자 스티븐 포지스가 제안한 다미주polyvagal 신경 이론에 따르면, 인간의 자율신경계는 교감신경계와 부교감신경계로 구성됩니다. 부교감신경계는 배 쪽 미주신경과 등 쪽 미주신경이라는 두 가지 핵심 경로를 가지고 있습니다. 진화 과정에서 등 쪽 미주신경(단절-포기 반응), 교감신경(투쟁-도피 반응), 배 쪽 미주신경(연결-상호조절 반응)이 차례로 발달하였습니다. 어느 신경계가 활성화되느냐에 따라 우리의 반응, 생각, 느낌, 그리고 경험이 달라집니다.

이 세 가지 신경계는 생명 활동을 유지하고 보존하는 기본 생존 시스템으로 각각의 고유한 역할을 합니다. 그러나 인간은 진화적으로 위험에 더 민감하게 반응하는 부정 편향Negativity Bias을 갖게 되어 등 쪽 미주신경과 교감신경 상태에 쉽게 빠져듭니다. 따라서, 의식적으로 배 쪽 미주신경에 주의를 기울이는 단전주 수행을 통해 안전하고 균형 잡힌 심신의 상태를 유지하는 것이 마음공부의 바른길입니다.

단전은 단지 '작용'하는 기관입니다. 단전에 지속적으로 마음을 주시하는 원불교의 단전주丹田住 수행은 비유하자면 궁수가 고정된 과녁에 대해 지속적인 활쏘기 연습을 하는 것과 같습니다. 고정된 과녁에 대한 사격이 완전히 숙달된 뒤에야 자유자재로 뛰어다니는 사냥감을 쏘거나 심지어 말을 타고 달리면서 활 쏘는 것도 가능해집니다. 이쯤 되어야 때를 가리지 않고 선을 닦을 수 있는 '무시선無時禪'의 첫 단계에 들어왔다고 할 수 있습니다.

소태산 대종사께서 "근래에 선종 각파에서 선의 방법을 가지고 서로 시비를 말하고 있으나, 나는 그 가운데 단전주丹田住법을 취하여 수양하는 시간에는 온전히 수양만 하고 화두 연마는 적당한 기회에 가끔 한 번씩 하라 하노니, 의두 깨치는 방법이 침울한 생각으로 오래 생각하는 데에만 있는 것이 아니요, 명랑한 정신으로 기틀을 따라 연마하는 것이 그 힘이 도리어 더 우월한 까닭『대종경』수행품 14장"이라고 하셨습니다.

신비한 체험과 외부적 에너지의 축적을 강조하는 '기단氣丹 중심의 단전호흡'이 아니라 단전에 마음을 챙기도록 하는 '심단心丹 중심의 단전 마음챙김'을 주장하신 것은 이 방법이 누구나 쉽게 할 수 있는 가장 효율적인 법이기 때문입니다. 또한 각종 각파의 단전 수련을 통해 다양한 효과를 볼 수는 있으나 어느 한편의 주장에 집착하게 된다면 이것은 이미 원불교 선명상이라고 할 수 없습니다.

하나의 선線 넘어 선禪으로

흩어졌던 마음을 하나의 선에 집중함으로써 선의 경지로 가는 시작 단계!
명상은 몸과 마음을 가지런히 하고 눈을 감고 앉아 자신을 찾는 과정.

숨 고 르 기

08 명상은 숨쉬기부터 - 1

"호흡을 고르게 하되 들이쉬는 숨은 조금 길고 강하게 하며, 내쉬는 숨은 조금 짧고 약하게 하라." 『정전』'좌선법' 좌선의 방법 3.

원불교 선명상의 호흡은 소태산 대종사께서 밝히신 대로 "호흡을 고르게 하되 들이쉬는 숨은 조금 길고 강하게 하며, 내쉬는 숨은 조금 짧고 약하게 하라"라는 말씀으로 정리할 수 있습니다.
일반적인 호흡법[요가명상 등]에 따르면 내쉬는 숨은 길고, 들이쉬는 숨을 '상대적으로 짧게 하는 경우[呼短吸長 호단흡장]'가 많은데 이런 호흡은 몸과 마음을 이완하는데 효과를 가져옵니다.[그림 11] 이와 반대의 경우가 내쉬는 숨을 '상대적으로 짧고 약하게 하는[呼長吸短 호장흡단]' 방법입니다. 이는 무술이나 차력借力 등 실지로 힘을 낼 때 쓰는 방법이기도 합니다.[그림 12]

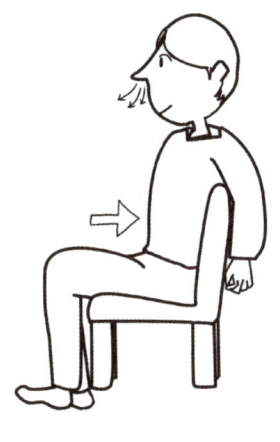

[그림 11]

명상에 있어 호흡법은 기후와 큰 관련이 있습니다. 고온 다습한 동남아와 같은 남방 지역에서는 폐의 습기를 몰아내고 전신의 체온을 낮추기 위해 내쉬는 건 길게 하고 들이쉬는 건 짧게 하는 '호단흡장법'을 사용하고, 상대적으로 추위와 바람이 강하고 건조한 북방[한국, 중국, 일본 등의 동북아와 티벳, 몽골 등] 지역에서는 체온을 보전하고 단전에 기운을 축적하기 위해 축기畜氣를 길게 들이쉬고 상대적으로 짧게 내쉬는 '호장흡단법'으로 단련했습니다.

그래서 인도 등 남방에서는 요가 수련에 바탕해 체온을 내리고 습기를 내뿜는 호흡이 발달했고, 중국과 한국 등 북방에서는 온기를 들이마시고 냉기를 토해내는 도인導引과 토납吐納과 같은 기공 호흡이 발달했습니다.

[그림 12]

'길고 강하게' 하란 구절은 들이쉬는 숨과 내쉬는 숨의 비율을 인위적으로 조절하는 것이 아니라, 아랫배 단전을 향해 지그시 밀어내듯 호흡하는 것으로 이해하면 됩니다. 초심자는 들숨과 날숨의 호흡량을 1대 1로 하는 것이 가장 좋습니다. [그림 11-12]

또한 단전 호흡을 한다며 아랫배에 인위적으로 힘을 줘 복부를 팽창시키는 경우가 있는데 이런 호흡은 오히려 혈압을 오르게 만들 수 있습니다. 편안하게 옆구리를 열어 횡격막을 원활히 조절하여 복압을 지그시 주게 되면 서서히 장부가 정화되고 단전에 저절로 의식이 자리 잡게 됩니다.

09 명상은 숨쉬기부터 - 2

　석가모니 부처님도 『안반수의경安般守意經』이나 『대념처경大念處經』과 같은 불교의 초기경전初期經典에 남긴 말씀을 통해 호흡 수행의 중요성을 거듭 강조하고 있습니다. 다만 요가나 도교의 수련처럼 호흡의 길이나 분량 등을 조절하라는 말씀이 없는 것이 차이점입니다. 그러나 모든 명상 수행에 있어 호흡은 처음이자 끝이라고 할 수 있습니다.

　흥미롭게도 지금의 동유럽과 러시아에서 깊게 신앙하고 있는 그리스도교 정통 교파인 '정교회'의 경우에도 '예수 기도'라고 하는 일종의 호흡 수행이 전해 내려오고 있습니다. 예수 기도의 간단한 방법은 머리를 숙이고 앉아 심장이나 배꼽을 바라보며 깊고 느리게 가라앉혀서 호흡합니다. 이때 숨을 들이마시며 '주 예수 그리스도여, 하나님의 아들이여'라는 구절을, 내쉬면서 '이 죄인을 용서하소서'라는 구절을 반복해서 묵상하는 것입니다.

　일상에서도 호흡 조절을 통해 다양한 긍정적 효과를 얻을 수 있습니다. 예를 들어 감정을 조절하는데도 호흡이 큰 도움을 줄 수 있습니다. 흥분이나 긴장이 심할 경우 내쉬는 호흡을 길게 하면 이완과 평정을 가져오는 데 도움이 됩니다.

　반대로 우울이나 무기력한 상태에 빠졌을 경우 들이쉬는 숨을 조금 길게 하면 활력을 얻기 유리합니다. 이처럼 호흡의 중요성은 아무리 강조해도 지나치지 않습니다. 그러나 명상 초심자의 경우 '우선 호흡을 내려놓고 의식은 단전에 집중' 하는 것이 좋습니다. 사전에 훈련을 거치지 않고 인위적으로 조절하는 호흡을 하다가 잘못되면 호흡이 엉키게 되고, 이것이 굳어지면 '수승화강水昇火降'이 깨지거나 기氣가 체하게 되는 경우도 있습니다.

　소태산 대종사께서도 젊은 시절 수행하실 때 폐인의 모습으로 '배[腹中]에 큰 적積'이 들었다는 기록이 「원불교 교사」에 남아 있습니다. 이런 증상을 일러 '선병禪病'이라고도 합니다. 초심자는 우선 내려놓는 무념식無念息을 하여 단전 집중의 힘[意守丹田, Grounding of Elixir Field]을 기르고 난 뒤 유념식有念息을 통해 지속적인 공을 들이도록 합니다.

　호흡에 금기시되는 것이 호흡을 인위적으로 중간에 참거나 멈추는 '지식止息'입니다. 인위적으로 호흡을 늘이거나 심지어 호흡을 멈추는 방법으로 명상할 경우 뇌에 산소 공급이 부족하게 되어 건강에 치명적인 우를 범할 수 있습니다. 숨을 참으면 체내의 가스 교환 능률이 떨어지고, 노폐 가스가 체내에서 늘어나서 멈추는 시간이 길수록 탄산가스의 혈중농도가 높아집니다. 우리가 흡수하는 산소의 약 1/3을 뇌에서 소모하는데, 그 요구량을 충족하지 못하면 뇌세포의 노화현상으로 직결됩니다.

또 '지식'은 심장이 불규칙하게 뛰는 부정맥 현상을 유발합니다. 여기서 오는 저低 산소 증세의 발생은 부정맥, 폐동맥, 고혈압의 원인이 됩니다. 흔히 호흡 수행을 통해 신비체험을 하는 경우가 종종 있는데 대개 이것은 인위적인 '지식'의 부작용이라고 봐도 거의 틀리지 않습니다.

간혹 호흡의 길이를 늘이는 것으로 수행의 척도를 삼는 경우가 있는데 인간의 폐활량으로는 대부분 불가능한 일입니다. 일정 한도를 넘어가면 실제로 들이쉬고 내쉬는 것이 아니라 호흡을 한다는 감만 있는 것이지 무의식적으로는 숨을 참는 경우가 많습니다. 명상은 숨 참는 연습이 아니므로 호흡의 길이로 그 경지를 판단할 수는 없습니다.

물론 평소에 숨을 참는다는 의식조차 없이 숨을 조금 들이쉬는 경우가 생깁니다. 대개 과도한 긴장이나 스트레스에서 유발됩니다. 특별한 증상이 없는데 두통에 시달리는 경우 자신의 호흡을 점검할 필요가 있습니다.

마찬가지로 숨을 인위적으로 과하게 들이마시는 '과호흡'의 경우에도 뇌에 강한 압력을 주게 되어 부정적인 효과를 가져 오게 됩니다. 일부에서 의도적인 과호흡으로 특정한 체험을 유도하는 경우도 있지만, 이것은 중도에 맞는 명상법이라고 볼 수 없습니다.

10 명상은 숨쉬기부터 - 3

"눈은 항상 뜨는 것이 수마睡魔를 제거하는 데 필요하나 정신 기운이 상쾌하여 눈을 감아도 수마의 침노를 받을 염려가 없는 때에는 혹 감고도 하여 보라."

『정전』'좌선법' 좌선의 방법 4.

명상의 방법에 따라 '눈을 뜰 것이냐 감을 것이냐'에 대한 다양한 견해가 있습니다. 결론만 말씀드리자면 일반적으로 외부 사물이 완전히 눈에 들어오지 않도록 반 정도만 뜬 상태[半開]를 유지하기를 권합니다. 물론 명상의 전통에 따라서 눈을 뜰 것을 강조하는 방식이 있고 눈을 감고 할 것을 강조하는 방식이 있습니다. 어느 것이 우월하다고 볼 수는 없습니다. 다만 각각의 상황과 특성에 따라 이 두 방식을 취하면 됩니다.

명상 초보자의 경우는 우선 눈을 감고 명상하는 것이 좋습니다.

눈을 감으면 외부로부터 오는 시각적 자극을 차단해 마음이 안정되기 쉽고 방해받지 않는다는 장점이 있습니다. 고요히 자신의 내면과 단전을 주시하는데 적당한 방식입니다. 물론 졸음에 빠질 수 있다는 약점이 있기도 합니다.[그림 13]

[그림 13]

일정 시기가 지나 좌선에 어느 정도 익숙해질 경우에는 눈을 반 정도 뜬 상태에서 단전에 집중하여 시선은 외부로 향해 있어도 마음은 내면에 몰입할 수 있게 됩니다.

눈을 감고 하는 명상이 어느 정도 익숙해지면 그 익숙함 때문에 마음을 챙기는 힘이 풀리게 되어 잡념이 많이 떠올라 집중이나 통찰에 방해를 받는 경우가 발생합니다. 이럴 때에는 눈을 반만 뜨고 좌선에 임하는 것이 좋습니다. 눈을 감고 명상을 하는 것에 대한 집착을 놓기 위해서라도 어느 정도 익숙해지면 눈을 뜨고 명상할 것을 권장합니다. 마음은 '자신의 내면'이라는 특정한 개념 안에 존재하는 것이 아니므로 안과 밖이라는 고정된 사고를 벗어나기 위해서라도 눈의 처리는 중요합니다.

눈을 뜨고 명상할 경우에 피할 것은 외부의 특정한 대상을 바라보거나 주의를 기울이지 않도록 하는 것입니다. 명상은 자신의 마음에 대해 알아차림을 잃어버리고 무아지경에 빠지는 것이 아닙니다. 편안함만을 추구하는 것이 아니라 밤하늘의 별처럼 깨어 있어야 합니다. 원불교 선명상에서는 둘 중 하나의 방법만 쓸 것을 고집하지 않습니다. 다만 일반적으로 눈을 완전히 뜨고 있을 경우 마음[의식]이 눈앞의 사물을 따라갈 수 있다는 단점과 감을 경우 명상의 가장 큰 장애물인 졸음 또는 잠에 빠지기 쉽다는 단점이 있다는 것만 알고 있으면 됩니다.

원불교 초기교단 당시, "졸음이 올 경우에 어떻게 합니까?"라는 제자의 질문에 대종사님께서 "환장한 사람처럼 눈을 크게 뜨라" 하셨다는 재밌는 일화가 구전口傳으로 전해집니다. 사소한 것이라도 정확하게 챙기며 공들이면 그만큼 선의 깊이가 깊어집니다.

11 수승화강 水昇火降 - 1

"입은 항상 다물지며 공부를 오래 하여 수승화강水昇火降이 잘 되면 맑고 윤활한 침이 혀 줄기와 이 사이로부터 계속하여 나올지니, 그 침을 입에 가득히 모아 가끔 삼켜 내리라." 『정전』 '좌선법' 좌선의 방법 5.

한의학에서는 우리 몸을 순환하는 중요한 두 가지의 맥이 있다고 합니다. 하나는 임맥壬脈인데, 아랫입술과 혀 부근에서 목과 가슴을 거쳐 아랫배 단전과 회음[생식기와 항문 사이의 지점]까지 이어지는 맥으로 아래로 흐르는 성질을 가졌고 음陰을 상징합니다.

또 하나는 독맥督脈으로 윗입술과 입천장 부근에서 정수리를 거쳐 목덜미와 척추를 타고 회음부에 이르는 맥으로 위로 솟구치는 성질을 가졌으며 양陽을 상징하는 맥입니다.[그림 14] 문자 그대로 '수승화강'이란 불기운을 단전으로 내리고 물기운을 머리로 올

린다는 뜻입니다. 불기운이 임맥을 타고 내려와서 아랫배 단전에 모이게 되면 여기서 전환된 물기운이 등줄기의 독맥을 타고 머리 쪽으로 올라가며 한 바퀴를 순환하게 됩니다. 이런 과정이 반복되면 정신이 상쾌해지고 육체가 건강해지는 효과를 얻게 됩니다. 비유하자면 솥에 물을 끓일 때, 열기에 의

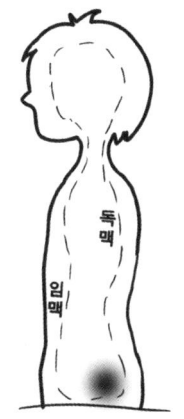

[그림 14]

해 물이 끓으며 수증기가 위로 오르는 것을 떠올리시면 됩니다. 이것을 도교에서는 '주천화후周天火候'라고 부릅니다.

이때 혀끝을 입천장[윗니의 뿌리 쪽이라고도 함]에 붙이게 되면 독맥과 임맥이 서로 접속을 하게 되므로 일종의 스위치와 같은 역할을 하여 맑고 청량한 침이 계속 발생하게 됩니다. 좌선을 할 때 입을 다물라고 한 이유가 바로 여기에 있는 것입니다. 이때에는 그 침을 조금씩 삼켜주는 것이 좋습니다. 동·서양에서 공통적으로 발견되는 '젊어지는 샘물'이라는 동화의 본뜻이 바로 수행에서 발생하는 침이라는 설이 있습니다. 그만큼 수행에서 발생하는 침은 건강에 이로운 것입니다. 다만, 침을 내기 위해 호흡을 인위적으로 조절할 필요는 없습니다.

좌선 시에 발생하는 침은 체질에 따라 그 양이 다소 차이가 있습니다. 상대적으로 몸에 열이 많은 체질인 양陽 체질인 사람보다는 음陰 체질의 사람이 그 양이 많을 수 있으므로 침의 양만 가지고 좌선이 잘 되고 못 됨을 판단할 수는 없습니다.

이렇게 '수승화강'의 수행이 무르익으면서 단전에 기운을 기르게 되는 이른바 '축기蓄氣'의 상태에 도달하게 됩니다. 그러나 원불교의 선명상에서는 단전을 육체적인 관점으로만 이해하지 않습니다. 기운[에너지]을 어느 정도 축적했어도 이것은 사람의 수명을 따라 한정이 있는 것이며, 비축만 하고 현실 생활에 활용하여 쓰지 못한다면 결국 정신적 성장에는 도움이 되지 않습니다.

12 수승화강 水昇火降 - 2

　수승화강의 원리는 자연에서도 그 예를 찾아볼 수 있습니다. 태양의 뜨거운 불기운이 땅을 비추게 되면 차가운 물기운은 증발하게 됩니다. 이 증발한 물이 상승해 뭉치면 구름이 되고 그것이 무거워지면 다시 비가 되어 땅에 뿌려집니다. 다시 빗물이 햇볕에 의해 증발하여 상승하는 순환 구조가 되는 것입니다.

　물과 불의 두 기운이 한쪽으로 고정되어 있다면 그 중간에는 생명이 존재할 수 없을 것입니다. 물과 불의 순환구조의 중간에 인간을 비롯한 모든 생명이 존재하게 됩니다. 자연현상과 마찬가지로 소우주인 인체의 내부에도 이런 수승화강의 원리가 똑같이 적용됩니다.[그림 15]

　한의학에서 우리 몸의 수기는 신장에서 만들어지고 화기는 심장에서 만들어진다고 가르칩니다. 기운의 순환이 활성화되면 단전은 신장을 뜨겁게 하여 수기를 밀어 올리게 됩니다. 수기가 심장을 차갑게 하면 심장에서는 화기가 빠져나가 임맥을 따라 단전으로 내려갑니다. 수기가 등줄기 독맥을 타고 위로 움직이면 머리가 맑아지고 시원해집니다. 화기가 가슴을 타고 아랫배로 내려가면 장부와 전신에 온기가 돌게 됩니다.

[그림 15]

수승화강이 잘 되지 않는 이유와 그 해결책을 원불교『정전』좌선법, '단전주의 필요'에서는 "마음을 머리나 외경에 주한즉 생각이 동하고 기운이 올라 안정이 잘 되지 아니하고, 마음을 단전에 주한즉 생각이 잘 동하지 아니하고 기운도 잘 내리게 되어 안정을 쉽게 얻느니라"라고 설명합니다.

수행을 위해서는 감정과 섭생을 조절해야 합니다. 이것이 부족하면 우리 몸에 삼독三毒이 발생하게 됩니다. 갑자기 화를 내거나 감정조절이 되지 않으면 화기가 위로 치솟습니다. 가슴 쪽 명치 부근의 구미혈에는 이렇게 쌓인 감정적 에너지가 횡격막 위쪽에 울화鬱火로 자리 잡게 됩니다. 이를 화독[火毒 : 嗔心]이라고 합니다.

배꼽 부근 신궐에는 내장에서 뭉쳐져 순환되지 못한 수기水氣가 차갑게 모여있습니다. 이를 한독[寒毒 : 貪心]이라고 합니다. 손으로 만지면 이 부분이 차갑게 느껴지는 이유입니다.

이 화독과 한독 사이에 과식이나 잘못된 식생활 또는 감정적 문제로 인해 위장이 충분히 움직이지 못해 소화되지 않은 에너지가 습독[濕毒 : 癡心]으로 쌓이게 됩니다. 이것을 해소해야 뭉쳤던 삼독이 풀리고 저절로 화기가 아래로 흐르며 수기가 위로 향하게 됩니다.

간혹 관념만으로 단전을 의식하다 몸에 열기가 퍼지는 느낌을 받고 수승화강이 잘 된다고 오해하게 되는 경우가 있는데 이는 고여 있는 삼독의 영향일 경우가 많습니다. 따라서 수승화강으로 단전을 활성화하기 위해서는 무작정 앉아서 선을 하기 보다는 적절하게 절, 기공, 태극권, 요가 등의 동動적인 수행으로 몸을 열고 공功을 쌓아야 합니다.

현대인들은 일상에서 머리를 많이 쓰게 됩니다. 이때 발생하는 스트레스와 부정적인 감정들에 의해 임맥이 막히고 기의 정상적인 흐름이 역전되어 화기가 머리 위로 치솟게 됩니다. 이렇게 수승화강이 깨지게 되면 입술이 타고 손발이 차며 머리가 아프거나 가슴이 두근거리며 불안해집니다. 목이 뻣뻣해지고 어깨가 결리며 항상 피곤하고 소화가 안 되는 일도 발생합니다.

　반대로 수승화강이 원활하게 진행되면 윤활한 침이 입안에 고이고 머리가 맑고 시원하며 마음이 편안해집니다. 아랫배가 따뜻해지고 힘이 생기며 내장의 기능이 왕성해집니다. 질병에 대한 면역력이 높아지고 감정의 기복이 심하지 않으며 마음이 안정되어 편안해지게 됩니다.

　많은 분들이 자신의 좌선 공부의 척도를 수승화강에서 찾는 모습을 봅니다. 수승화강이 안 되면 명상이 안 되었다고 실망하는 경우도 종종 있습니다. 그러나 수승화강은 선명상이 잘 되었을 때 나타나는 긍정적인 현상일 뿐이지 수행의 목적이 아닙니다.

　『정전』'좌선법'에도 좌선을 통한 공덕을 열 가지로 밝혀주고 있지만 그 가운데에는 수승화강은 보이지 않습니다. 좌선은 사심邪心을 정심正心으로 변화 시켜 자성의 혜광慧光이 나타나면 일상에서 극락을 수용하고 생사에 자유를 얻게 되는 것을 목표로 삼는 것입니다.

　수승화강은 목표를 향하는 길에 나타나는 외부의 광경 또는 현상에 불과할 뿐이며 좌선의 목적은 아닙니다. 원불교의 관점에 따라 단전을 이해한다면 유한한 기운을 기르는 것보다는 단전주 수행을 통해 자유롭고 무한한 '마음 기틀『대종경』교의품 24장, 수행품 37장] 을 쌓는[築機] 것'을 공부의 표준으로 잡는 것이 더 중요합니다.

　비유하면 '축기蓄氣'는 사용량을 다하면 수명이 끝나는, 형상이 있는 건전지와 같다면, 형상은 없지만 무한한 에너지를 품고 있는 '마음 기틀'을 쌓는 과정인 '축기築機'는 언제 어디서나 인터넷만 연결되면 사용이 가능한 클라우드 서비스 또는 웹하드와 같은 무형의 저장창고입니다. 더 나아가 단전을 단순히 육체적 관점에만 머물기보다는 전신全身단전, 천지天地단전, 우주宇宙단전으로 확대해 닦는 것이 '작은 데에 들이던 그 공력을 다시 큰 데로 돌려『대종경』수행품 37장」' 골라 맞는 공부라고 할 수 있습니다.

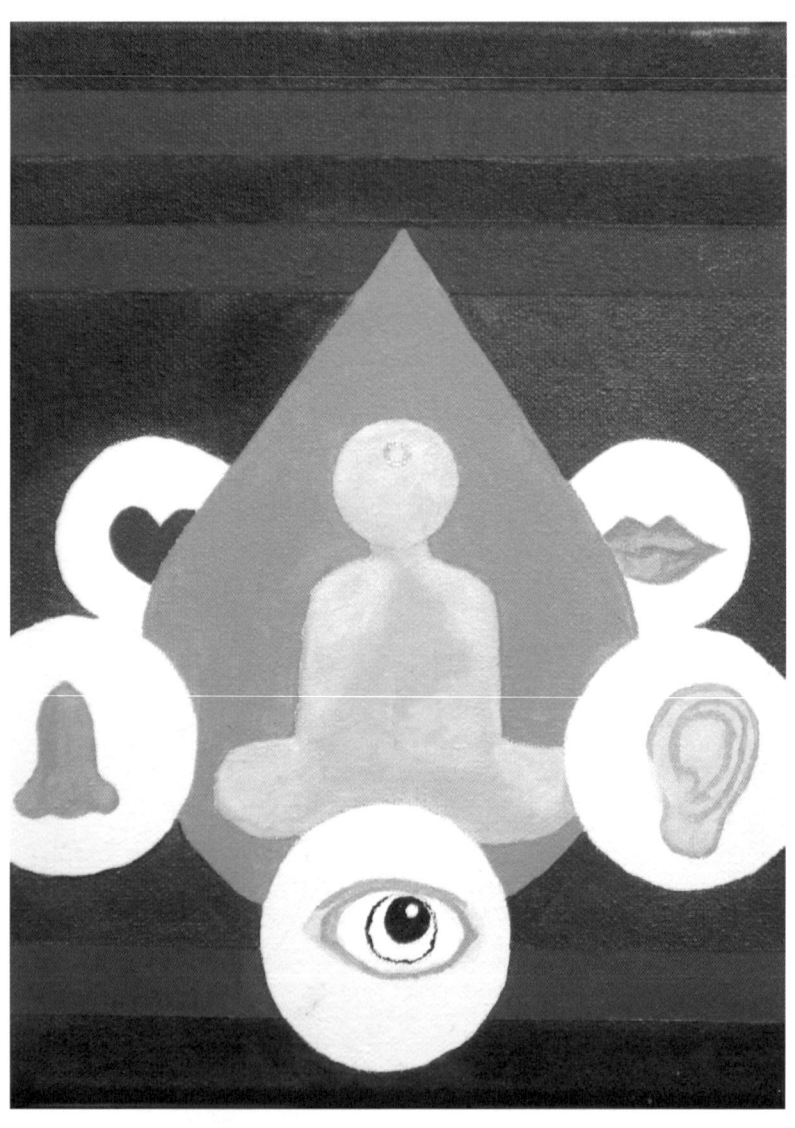

세 개의 선線 넘어 선禪으로

평소 인지하지 못했던 감각들에 민감해지고
고요한 가운데 마음이 일어나는 생각들을 바라보는 단계!
몸과 마음에서 일어나는 다양한 현상을 넘어 하나의 자신을 찾는 과정.

마음고르기

13 적적성성 성성적적

"정신은 항상 적적寂寂한 가운데 성성惺惺함을 가지고 성성한 가운데 적적함을 가질지니, 만일 혼침에 기울어지거든 새로운 정신을 차리고 망상에 흐르거든 정념으로 돌이켜서 무위자연의 본래면목 자리에 그쳐 있으라."

『정전』 '좌선법' 좌선의 방법 6.

'적적寂寂'이란 한자어는 깜깜한 밤하늘이 별빛 하나 없이 고요한 상태로 비유할 수 있습니다. 좌선 명상을 하는 우리의 마음 상태가 이렇게 고요해야 한다는 것을 의미하지요. 고요하다는 것이 요즘 말로 '멍 때리는' 상태를 의미하는 것은 아닙니다. 심지어 멍한 상태를 넘어서서 '혼침惛沈' 즉 졸아 버리기까지 한다면 공부가 난감한 상황에 처하는 것이죠.

물론 정신적으로 스트레스 받는 일이 많은 현대 사회에서 일상이나 업무 시간에 종종 멍한 상태에 빠져있는 경우가 있습니다. 이때는 뇌가 잠시 쉬고 있다고 보시면 됩니다. 다만 습관화되지 않도록 마음을 챙기시는 게 좋습니다. '성성惺惺'은 '적적'과 상반되는 의미가 있습니다. 곧 밤하늘에 별이 총총하게 떠 있는 것 같은 마음의 상태를 상징합니다. 별이 총총한 것은 좋은데 무대 위의 사이키 조명처럼 사방을 초점과 순서 없이 산란하게 비추고 있다면 우리 마음은 금세 차분한 상태를 잃고 '망상妄想'에 빠지게 되는 겁니다.

그래서 우리는 좌선을 할 때 '적적'이라는 상태와 '성성'이라는 상태, 이 두 가지를 중도中道에 맞게 유지해야 합니다. 원불교 수행이론인 '삼학三學'에 비유한다면 정신수양으로 분별성과 주착심이 없는 경지를 '적적'으로, 사리연구로 대소유무와 시비이해가 밝게 분석되는 지혜를 '성성'으로, 작업취사로 모든 일에 정의는 취하고 불의는 버리는 실천을 '적적'과 '성성'이 균형을 갖춘 것이라고 할 수 있습니다. 불교 수행의 측면에서는 모든 번뇌가 그친 상태인 지[止 = 사마타(samatha)]를 적적으로, 마음 챙김이 확립된 상태인 관[觀 = 위빠사나(vipassana)]을 성성으로 각각 이해할 수 있습니다.

뛰어난 선사禪師였던 영가 현각[永嘉玄覺, 665-713] 스님은 "성성적적惺惺寂寂은 옳지만 성성망상惺惺妄想은 그르고, 적적성성寂寂惺惺은 옳지만 적적무기寂寂無記는 그른 것이다"라고 했습니다. 망상과 잡념에 성성하게 깨어 있으면 정신 기운만 허비할 뿐이요, 적적한 반면 아무 생각도 없다면 캄캄한 동굴 속에 들어앉아 있는 것과 다를 게 없습니다.

선명상을 하다 보면 우리는 곧잘 졸게 되거나 잡념에 빠지게 되는 경우가 많습니다. 이런 일이 반복되다 보면 '나는 명상 체질이 아닌가 보다' 하며, 스스로 좌절하고 좌선을 포기하는 경우도 생길 수 있습니다. 그러나 중요한 것은 혼침과 잡념에 빠지는 것을 두려워할 것이 아니라 혼침에 빠질 때 새로운 정신을 차리는 것과 망상에 빠졌을 때 정념正念으로 돌리기를 잊지 않고 챙기는 것을 우직하게 반복하는 것이 바로 선명상을 공부하는 진정한 의미임을 명심해야 합니다.

14 망념은 망념이 아니다

"처음으로 좌선을 하는 사람은 흔히 다리가 아프고 망상이 침노하는 데에 괴로워하나니, 다리가 아프면 잠깐 바꾸어 놓는 것도 좋으며, 망념이 침노하면 다만 망념인 줄만 알아두면 망념이 스스로 없어지나니 절대로 그것을 성가시게 여기지 말며 낙망하지 말라." 『정전』'좌선법' 좌선의 방법 7.

우리 몸은 구조적으로 한 가지 자세를 계속 유지하고 있으면 관절에 큰 무리가 됩니다. 처음 좌선을 하는 사람은 5분만 앉아 있어도 다리가 저리고 아픈 것이 너무나 당연합니다. 실상 우리가 하는 선 공부는 신선처럼 여유 있게 숲과 자연을 벗 삼아 '유유자적悠悠自適'하는 공부가 아닙니다.

옛말에 대붕大鵬은 제비처럼 바람을 타고 나는 것이 아니라 거슬러 날아가고,[그림 16] 죽은 물고기는 물에 떠내려가지만 살아 있는 물고기는 물살을 거슬러 올라간다고 했습니다[大鵬逆風飛生魚逆水泳].[그림 17] 주어진 상황과 업력에 순종하는 것이 아니라 그것을 벗어나기 위해 생사를 걸어 놓는 큰 결심이 필요합니다. 선 공부를 하는 사람

[그림 16]

은 중생의 숙명을 끊고 부처가 되기 위한 마음의 혁명가입니다.

처음에는 다리뿐만 아니라 온몸이 아프고, 망념이 들끓어 온 마음이 요란해집니다. 그런데도 끊임없이 이 공부를 해야 하는 이유는 로켓이 중력을 뚫을 만큼의 추진력이 있어야 대기권을 넘어 우주로 솟구칠 수 있는 것처럼[그림 18] 일백 개의 골절骨節과 일천 번의 정성精誠이 사무쳐야 중생의 업

[그림 17]

장業障을 뚫을 마음의 힘을 얻어 불보살, 성인의 경지에 도달하는 것과 같은 것입니다.

좌선 자세는 될 수 있으면 처음 취한 것을 마치기 전까지 바꾸지 않고 유지하는 것이 좋습니다. 그러나 참을 수 없을 만큼 힘들다면

살짝 바꾸어 주고, 자신이
자세를 바꿨다는 사실을
있는 그대로 바라보고 다
른 판단을 하지 않도록 합
니다. 또한 좌선을 마치고
나서 다리를 펴기 힘들 정
도로 아프면 무릎과 발목

[그림 18]

사이의 안쪽 뼈대 가운데 부근[누곡혈]을 몇십 초 정도 지그시 눌러
주면 도움이 됩니다.[그림 19]

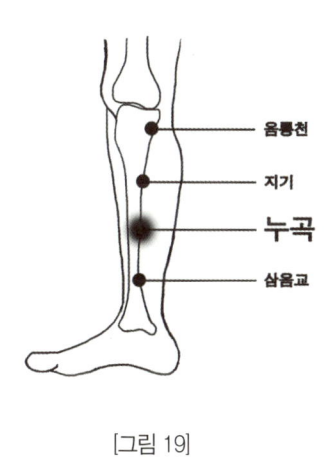

[그림 19]

지금 우리 앞에 4~5살짜리 어린아이가 있다고 가정합시다. 그 아이는 자신을 외면하고 놀아주지 않으면 달래주고 알아 달라고 칭얼대기 시작할 것입니다. 그럴 때 윽박지르거나 혼낼 것이 아니라 잠깐 관심을 두고 달래 주거나 힘껏 안아주면 금방 얼굴에 생기가 돌고 자기가 혼자서 충분히 놀 수도 있습니다.

  망념도 이와 같아서 외면하거나 억누른다고 사라지지 않습니

마음 고르기 · 67

다. 다만 '망념이구나' 하고 관심을 주고 알아차리는 것만 가지고도 어렵지 않게 사라집니다. 우리 마음의 망념은 외부에서 들어온 것이 아니라 내 마음의 한구석에 자리 잡고 있는 '그림자'입니다. 그러므로 없앨 수 있는 것이 아니라, 깊이 수용하고 하나로 일치 시켜 내 마음의 한 부분으로 인정해야 비로소 사라지는 것입니다.

15 간지러울 땐 어떻게 하나요?

"처음으로 좌선을 하면 얼굴과 몸이 개미 기어 다니는 것과 같이 가려워지는 수가 혹 있나니, 이것은 혈맥이 관통되는 증거라 삼가 긁고 만지지 말라."

『정전』 '좌선법' 좌선의 방법 8.

좌선으로 몸을 한 곳에 고정시켜 놓으면 평상시 느끼지 못했던 내 몸의 감각들이 하나둘씩 드러나게 됩니다. [그림 20] 마치 컵에 물과 황토를 섞어서 흐리게 만들어 놓았다가 가만히 두면 황토와 물이 각각 맑은 물이 위로 고이고 무거운

[그림 20]

황토는 아래에 모이는 것과 같습니다. 물은 물대로 황토는 황토대로 서로 분리되어 자리를 잡게 되는 것이죠.

몸을 고요하게 두면 마음도 고요해집니다. 어느 정도 고요한 상태[靜定]에 접어들면 이전에 느낄 수 없는 현상이 몸과 마음에서 일어나게 됩니다. 까맣게 잊고 있던 과거의 기억이라든가 밝은 지혜와 통찰력 또는 상처와 트라우마 등도 깨어나는 경우가 있습니다. 마음이 창문을 열고 바깥 공기를 통해 환기換氣하게 되는 것입니다.

마음뿐 아니라 몸에서도 갖가지 현상이 나타납니다. 평상시에 느끼지 못했던 상쾌함 또는 상반된 통증도 나타납니다. 그러한 현상 중의 하나가 얼굴이나 몸이 가려운 것입니다. 실제로 좌선을 하다 보면 이럴 때 무척이나 성가십니다. 간지러운 데로 마음이 쏠리기 시작하면 어느덧 긁고 싶어서 안달하거나 억지로 힘을 써서 참게 됩니다.

좀 더 자세히 말씀드리자면 좌선 초반에 단전에만 집중하다 이후에 감각이 깨어나게 되면 몸에서 일어나는 간지럼 등을 더 예민하게 느끼게 되어 그곳으로 의식이 급격히 쏠리게 됩니다. 이때 몸에서는 통증, 경련, 저림, 열기, 냉기 등의 여러 가지 감각들이 나타날 수 있습니다. 선을 닦는 공부인工夫人은 이런 증상이 생겼을 경우 '이런 감각이 일어났구나' 하고 다만 알아차리기만 하면 됩니다.

이러한 감각을 주시하는 중에 자기 생각에 사로잡혀 꼬리에 꼬리를 물게 되면 곤란하게 됩니다. 예를 들어, '이 간지러움은 나의 팔에서 나타났다' 또는 '이 통증은 나의 얼굴에서 나는 것이다'라며 '나'라는 생각을 확대할 필요가 없습니다. 우리는 이런 과정을 통해 내 몸과 마음에서 일어나는 현상을 있는 그대로 볼 수 있게 됩니다. 더 나아가 몸의 범위를 넘어 마음의 깊은 곳으로 들어가게 됩니다.

몸과 마음에서 일어나는 현상에 속지 말고 '나'와 분리해 객관화를 시키는 것이 중요합니다. 남의 일 보듯이 또는 자신이 주인공으로 나오는 영화나 드라마를 관객의 시각으로 보듯이 말입니다.

16 대상對象은 실상實相이 아니다

"좌선을 하는 가운데 절대로 이상한 기틀과 신기한 자취를 구하지 말며, 혹 그러한 경계가 나타난다 할지라도 그것을 다 요망한 일로 생각하여 조금도 마음에 걸지 말고 심상히 간과하라."   『정전』'좌선법' 좌선의 방법 9.

좌선을 오래 계속해 몸과 마음을 관찰하는 힘이 강렬해지면 감각은 더욱 깊어지고 민감해집니다. 이때 다양한 현상이 나타날 수도 있고 평상시와는 다른 다양한 영상[또는 이미지]들을 뜻하지 않게 영화처럼 눈 앞에 펼쳐지게 되는 경우도 종종 있습니다. 이런 일은 마치 흙탕물이 담긴 유리그릇을 가만히 두면 흙은 밑바닥에 가라앉고 맑은 물만 위에 모이는 것과 같습니다.

평상시에는 못 느끼다가 명상에 들어 마음이 고요해지면 무의식의 세계 또는 내면의 그림자가 작동해 이런 현상들이 나타납니다. 즉 내 마음의 세계에서 일어나는 하나의 환상일 뿐입니다. 나름의 깊은 명상에 들면 귀에 들리거나 눈앞에서 영상[心象]으로 나타나 엄청난 혼미 상태에 빠질 수도 있습니다.[그림 21]

[그림 21]

옛날에 어떤 제자가 좌선을 하면 큰 거미 한 마리가 눈앞에 나타나서 못살게 했다고 합니다. 그래서 스승에게 어찌할 것인가를 물었더니 붓에 먹물을 묻혀서 옆에 놔뒀다가 선을 하는 중에 거미가 나타나거든 붓을 가지고 얼른 표시를 해 놓으라고 했습니다. 제자는 참선을 시작하고 조금 지나자 거미가 또 나타나 스승이 시키는 대로 표시를 해 놓았습니다.

그런데 선을 마치고 보니 실제 거미가 아니라 자기 배에 표시가 되었다고 합니다. 이상한 기틀과 신기한 자취는 외부에서 찾아오는 것이 아니라 자신의 내면세계에서 불러들인 현상인 것이죠. 일체가 마음에서 짓는 바라고 하신 '일체유심조一切唯心造'의 참뜻인 것입니다.

간혹 이러한 현상을 신神과의 만남이나 빙의憑依 또는 외부 세계와의 접촉으로 이해하고 받아들이는 경우가 있습니다. 그렇게 주장할 수는 있어도 정작 해결할 수는 없습니다. 번지수가 다르기 때문입니다. 이런 현상은 좌선 공부가 무르익을 즈음에 무의식의 세계에서 일어납니다. 이는 공부를 방해하는 큰 경계가 되므로 '마장魔障'이라고도 불립니다. 무의식의 세계 또는 자신의 내면에서 억눌려 있는 그림자로부터 일어나는 이 마장에 한 번 맛을 들이면 빠져나오기가 어렵습니다.

명상 도중 신神을 만났다거나, 병을 고쳤다거나, 미래를 보았다거나 또는 내 마음 밖의 외부 이미지나 소리를 들었다는 것 그리고 그러한 현상을 놓지 못하고 실제로 존재하는 것으로 받아들이고 고집하는 것은 선 공부를 잘못하고 있다는 방증입니다. 이것은 마음 대중이 없이 잠깐 무의식 세계에서 일어난 일이기 때문에 지속적인 힘이 없습니다.

이는 마치 영화관 스크린에 비친 슈퍼맨의 모습을 자신으로 착각하여 망토를 두르고 높은 곳에서 뛰어내리려는 것과 같습니다.[그림 22] 그 모습을 보면 누구나 비웃고 말 것입니다. 특정한 대상에 자신[내]을 비추는[투사投射, projection] 것으로 공부를 다했다고 여긴다면

[그림 22]

참다운 공부인은 아닙니다. 그 점을 깊이 자각해 어떤 경계가 와도 좌우를 돌아보지 말고 앞으로 나아가 한 길로 우직하게 걸어가야 합니다.

17 오래오래 계속하면

"이상과 같이, 오래오래 계속하면 필경 물아物我의 구분을 잊고 시간과 처소를 잊고 오직 원적 무별한 진경에 그쳐서 다시없는 심락을 누리게 되리라."

『정전』 '좌선법' 좌선의 방법 終

    선 공부의 가장 빠른 지름길은 '오래오래 계속'입니다. 최근 단기간에 깨달을 수 있다거나 견성見性의 체험을 시켜 준다고 광고하면서 비싼 수련비를 받는 일부 수행단체가 몇 곳 있습니다. 이런 수행을 할 경우 눈에 띄는 신비한 현상이 금방 벌어지고 마음이 차올라서 곧장 세상을 얻은 듯한 기쁨이 마음속에서 일어납니다. 그러나 대개는 며칠 만에 그 기운이 풀어지거나 극단에 가서는 오히려 정신적, 육체적 후유증을 얻는 경우도 있습니다. 지속적인 치료 없이 단방약單方藥 만으로 병의 뿌리를 뽑기 어려운 것입니다.

　마음을 닦는 데에 있어서 체험의 중요성은 아무리 강조해도 부족하지 않습니다. 다만 강렬한 체험일수록 그것에 대한 집착을 놓아버리기가 힘듭니다. 제 경우에는 원불교 교무가 되기 위한 예비교무 시절[원광대학교 원불교학과 재학 중] 방학을 맞이하면 옷가지와 좌복을 챙기고 토굴에 들어가 수차례 용맹정진을 통해 심력을 길렀습니다. 어느 때에는 우주와 합일하는 체험을 하기도 했고, 또 어느 때에는 부처님이 수하樹下에서 항마降魔를 하듯 무수한 마구니와 대적해 승리하는 영상을 보기도 했습니다. 때로는 좌선 중에 당시의 수행 정도를 가늠해주는 사자성어가 눈앞에서 환연히 떠오르기도 했습니다.

　그것이 큰 체험은 되었지만, 공부를 성장시켜 주지는 못했습니다. 오히려 그 체험에 대한 집착이 마장魔障이 되어 몇 년간 발목을 잡기까지 했습니다. 모든 것을 놓아버리고 처음부터 다시 시작하자는 서원誓願의 대적공大積功을 통해 겨우 제자리로 돌아갈 수 있었습니다. 경계라는 고비를 넘기 위해서는 내 작은 손에 쥐어진 집착을 놓아버려야 다음 단계로 나아갈 수 있습니다.

　한편 그렇다고 방석 위에 오래 앉는 것만으로도 그 사람의 공부를 측정할 수 없습니다. 수행을 지도하면서 가장 경계하는 것 중 하나가 자신이 어떤 수행을 얼마나 했으며 좌복 위에서 하루의 몇 시간 이상을 끄떡없이 선을 한다고 자랑하는 분들입니다.

이런 이들의 경우에 스스로의 수행 경력을 이곳저곳에 자랑하며 세월을 낭비하게 됩니다.

특정한 수행법이나 공부법을 얼마나 오래 했다는 것만으로 자신의 공부를 과신하는 것은 지극히 어리석은 일입니다. 이는 현실 세계에서 '자신의 집이 얼마짜리며, 자신의 차가 얼마짜리'라고 자랑하는 졸부의 그것과 다름이 없는 꼴입니다. 영적靈的인 우회로를 이용해 자신의 내면세계의 허기를 면하려는 정신적 허영에 불과합니다.

이런 사람들은 스승의 지도를 기피하거나, 문답 감정을 하며 의두나 성리에 대한 견해를 보여주길 청하면 꿀 먹은 벙어리가 되기도 합니다. 그리고 일상생활이나 인간관계 등이 오히려 미숙한 경우도 많습니다.

다만 하루 중에 가능한 짧은 시간이라도 지속해서 좌선에 투자를 한다면 낙숫물이 바위를 뚫듯이 시간과 장소를 뛰어넘어 무한한 마음의 세계를 맛볼 수 있을 것입니다. 그때 솟아나는 즐거움은 물질에서 오는 유한한 기쁨이 아닌 영원한 마음의 기쁨으로 함께할 것입니다.

아홉 개의 선線 넘어 선禪으로

일상생활에서 육근을 통해 접하는 다양한 순간에서도 명상의 관점을 놓지 않는 단계!
일상생활(과거 현재 미래를 통해 일어나는 육근의 작용)에서 깨어있는 과정.

명상의 이로움

18 경거망동하는 일이 차차 없어지는 것

명상의 열 가지 이익 - 1

　소태산 대종사께서는 좌선을 오래 하여 그 힘을 얻고 보면 열 가지 이익이 있다고 하셨습니다. 그 가운데 첫 번째 공덕이 '경거망동輕擧妄動하는 일이 차차 없어지는 것'으로 마음에 중심이 잡혀 이리저리 휩쓸리지 않는다는 것입니다. 원불교에서는 이를 비유하여 쇠로 된 기둥[鐵柱]의 중심, 돌로 된 벽[石壁]의 외면과 같은 마음이라고 합니다. 선을 하는 과정에서 몸과 마음이 정화되고 가벼워지므로 번뇌에 흔들리지 않아 몸과 마음을 가볍게 놀리지 않게 됩니다.

　정성이 담긴 선 수행을 통해 공부인은 점차 자신의 몸과 마음에서 일어나는 무수한 작용을 눈치챌 수 있습니다. 이를 '알아차림[正知]'이라고 합니다. 여기에 현재 의식 속에 일어나고 있는 상황을 알아차릴 수 있도록 지속적으로 마음을 쓰는 것을 '마음 챙김[正念]'이라고 합니다.

  선명상을 하는 중 마음 안과 밖의 자극에 의해 평상시 갖고 있던 생각이나 고정관념이 변화하게 됩니다. 이때, 마음이 이러한 자극에 쏠리거나 끌려가지 않도록 주의하며, 떠오르는 그것이 무엇이든 있는 그대로 관찰한다면 그동안 마음속에 뿌리 깊게 자리 잡은 '분별성과 주착심'에서 점차 해방됩니다. 이 상태에 이르면 망아지처럼 이리 뛰고 저리 뛰던 마음에 안정이 찾아옵니다.

  명상을 통한 알아차림의 힘이 강해지면 나Ego라는 범위에서 일어나는 개인적 욕구나 생각을 뛰어넘어 '지금 여기Here and Now'에서 일어나는 육근 작용을 있는 그대로 바라볼 수 있습니다.

  이렇게 선 공부를 지속적으로 하게 되면 대소유무와 시비이해 그리고 욕구, 생각, 감정, 감각 등으로 구성된 의식 위에 떠 오르는 모든 현상을 있는 그대로 관찰할 수 있습니다. 이 정도가 되면 닻을 내리고 있는 배가 폭풍우 속에서도 제자리를 벗어나지 않듯이 우리의 마음도 든든하게 고정되어 때때로 흔들릴 수는 있으나 중심을 잃지는 않습니다.

  이를 통해 떠돌아다니는 마음은 차분해지고, 생각은 명료해지며 '나', '내 것'이라고 믿어 왔던 집착에서 점차 벗어나 경거망동하지 않고, 궁극적으로 '마음' 그 자체에서도 벗어나 진정한 치유와 변화를 얻을 수 있게 됩니다.

19 육근 동작에 순서를 얻는 것

명상의 열 가지 이익 - 2

슬플 때 함께 슬퍼하고 기쁠 때 함께 기뻐하는 사람, 나아갈 때와 물러서야 할 때를 아는 사람을 우리는 마음을 중도에 맞게 쓴다고 합니다. 또 우리는 동動하여도 분별에 착이 없고 정靜하여도 분별이 절도에 맞는 사람을 성인聖人이라고 합니다. 선명상의 맛이 깊어질수록 애착과 아집에서 해방되어 상대의 감정에 100% 공감共感할 수 있습니다. 이것을 옛사람들은 나의 고집을 버리고 대상을 그대로 반영한다는 의미에서 '사기종인舍己從人'이라 했습니다. 자신과 세상에 대하여 있는 그대로를 보는 훈련을 통해 물 흐르듯 자연스러운 삶이 가능해집니다.

일반적으로 몸과 마음이 분리되었다고 보는 것과 하나로 통합

되어 있다고 보는 것의 두 가지 관점이 있습니다. 근대적·합리적 사고를 하는 경우 전자를 따르려는 경향이 강하고 동양적·직관적 사고를 하는 경우 후자를 택하는 경향이 짙습니다.

그러나 실제로는 어느 한 가지 상태로 무 자르듯 분명하게 나뉘지 않습니다. 일반적으로 몸과 마음은 상황에 따라 둘이 됐다가 하나가 됐다가 하는 경우가 많습니다. 예를 들어 출근하기 싫은 월요일 아침, 침대 위의 몸은 천근만근이지만 마음은 어서 일어나라고 외치고 있습니다. 몸과 마음이 분리된 전형적인 상태입니다. 반면 독서나 영화 등 무언가에 깊이 몰입해 있는 순간에는 몸과 마음이 하나로 딱 붙어 있습니다. 이때는 피로도 상대적으로 덜 느끼게 됩니다. 이것이 고도의 정신집중 상태인 '삼매三昧'라고 할 수 있습니다.

우리는 일상 속에서 심신이 하나로 통합되어 있는 순간보다는 분리되어 따로 작용하는 경우가 훨씬 많습니다. 이때 눈, 귀, 코, 혀, 몸, 마음 곧 육근이 서로 각기 따로 노는 상황이 발생하게 됩니다. 이런 상황에서 입력되는 모든 정보는 왜곡되기 마련입니다. 지나가는 사람의 무심한 눈빛에 '왜 날 째려보나?' 하는 오해가 시비를 불러올 때도 생깁니다. 귀에 들리는 소리와 코로 들어오는 향기도 '나'라고 하는 강력한 아집에 왜곡되어 순서를 잃습니다.

이처럼 육근의 순서를 잃게 만든 왜곡된 감정의 발생 이면에는 분리된 몸과 마음의 관계가 자리 잡고 있다는 사실을 알 수 있습니다. 이 분리된 상황에서 육근은 순서를 잃게 됩니다. 여기에 또 한 가지의 중요한 것은 우리가 흔히 '나'라고 생각하는 육근[眼耳鼻舌身意]이 실상 내가 아니라 '나의 것'이라는 사실입니다. 내 것이니까 소유권을 내가 갖고 있어야 당연한데, 육근이 나를 몰고 다니는 주객이 역전된 상황이 발생합니다. 이때에는 육근이 곧 나라는 관점[동일시]을 깨버려야만 합니다. '나는 나의 생각이 아니다', '나는 나의 느낌이 아니다', '나는 나의 육근이 아니다'라고 바라봐야 내 삶의 왜곡을 바로잡고 고통에서 해방될 수 있습니다.

육근을 '나'라고 착각한 구부러진 거울로 받아들인 정보와 '본래의 나'를 분리해 바라보면 마음의 빛이 밝아집니다. 객관적이고 냉철하게 자신의 육근 작용을 분리해 바라볼 때 감정에 휘둘리지 않고 마음의 중심이 잡힙니다. 몸과 마음을 하나로 조율하되, 나를 나의 육근과 동일시하지 않고 분리해서 다스려야 합니다. 그래야 정신의 자주력을 세울 수 있고 육근의 순서를 얻을 수 있습니다.

20 병고가 감소되고 얼굴이 윤활하여지는 것

명상의 열 가지 이익 - 3

명상의 경력이 쌓일수록 우리 몸의 저항력과 면역 체계가 강해지므로 잔병이 사라지는 것은 당연합니다. 그러나 병고病苦가 사라지는 것은 선의 부수적 효과일 뿐입니다. 선을 통해 마음을 내 마음대로 쓸 수 있는 힘이 강해집니다. 이런 경우에는 병고가 닥쳐도 마음이 물러나거나 흔들리지 않습니다.

우리가 처음 선을 하면서 유난히 도드라지는 통증을 느낄 수 있습니다. 이는 평소에 느끼지 못했던 몸과 마음의 감각이 계발되므로 평상시 외면했거나 억압한 곳을 알게 되어, 잘못된 습관이 고쳐지므로 막혔던 곳이 뚫리는 신호입니다.

몸과 마음이 치유되고 오염이 사라지면서 얼굴이 윤활해지고 표정이 바뀝니다. 이런 것을 옛사람들은 뼈대의 구조가 바뀌고 몸에 쌓인 습관의 노폐물이 사라졌다고 해서 '환골탈태換骨奪胎'했다고 불렀습니다. 이 과정에 이르면 육체뿐만 아니라 자신의 정서와 마음까지도 잘 지켜보고 다스릴 수 있게 됩니다. 부처님의 또 다른 이름인 '조어장부調御丈夫' 곧 자신의 몸과 마음을 제대로 조복調伏 받고 제어制御할 수 있는 경지에 이르는 것입니다.

선명상이 건강에 이롭다는 연구 결과는 이제 일일이 열거하기에도 부족할 정도로 쏟아져 나오고 있습니다. 명상 수련의 핵심인 호흡만 보더라도 마음에 대한 주의注意가 잘 맞춰진 상태에서 나오는 심深호흡은 심리적, 정서적 안정에 유익합니다. 현대인의 질병은 80~90%가 마음에서 원인을 찾을 수 있는 심인성 질환으로 스트레스가 주범입니다. 스트레스가 심하면 면역체계가 망가져 암이나 심장병, 기타 성인병에 걸리기 쉽다는 사실은 이제 일반 상식이 됐습니다.

명상 중에 바른 호흡을 하여 정신이 안정되면 뇌에서는 알파파[8~12Hz의 뇌파]가 생성됩니다. 이때 뇌에서는 엔도르핀이 분비되고 두뇌 활동이 활발해집니다. 반대로 고도의 긴장, 흥분, 분노의 감정에서는 아드레날린이 분비되는데, 이것이 지나칠 경우 스트레스는 더욱 증가하고, 혈관이 축소되어 혈류가 방해되고, 동시에 다량의 활성산소가 발생하여 세포를 파괴해 암과 고혈압, 동맥경화와 심장마비, 뇌졸중 등을 일으킵니다.

명상을 할 때 뇌를 살펴보면 전전두피질과 변연계가 눈에 띄게 활성화되는 것을 발견할 수 있습니다. 교감신경계[아드레날린과 노르에피네프린]의 활성이 감소하고 부교감신경계[심혈관계 보호 작용]의 활성이 증가하게 됩니다. 명상 수련이 깊어질수록 뇌와 육체가 건강해지고 활력을 찾게 되는 것입니다.

하버드 의과대학의 허버트 벤슨 박사와 매사추세츠 대학의 존 카밧진 교수는 명상의 치유 효과를 일생의 주된 연구주제로 삼고 있는 세계적 학자입니다. 국내에도 '심신의학Mind·Body Medicine'이라는 주제로 두 사람의 연구결과와 MBSR[Mindfulness-Based Stress Reduction]과 같은 명상법이 활발히 소개되고 있습니다. 두 사람은 명상가이자 의사로 자신들의 임상에서 명상을 적극적으로 활용하는 것으로 유명합니다.

그러나 여기에서 중요한 것은 선명상이 의료 자체를 대체하는 수단은 아니라는 것입니다. 의학적 치료와 명상을 병행할 때 그 효과를 배가시킬 수 있습니다. 이는 소태산 대종사께서 『대종경』 실시품 31장에 말씀하신 대로 '마음병 치료와 육신병 치료가 각각 분야가 다르다'는 가르침과 상통합니다.

21 기억력이 좋아지는 것

명상의 열 가지 이익 - 4

　마음이 산란하게 되면 어떤 일에 마음을 집중하기가 쉽지 않습니다. 망상이 일의 집중을 방해하기 때문입니다. 선명상을 통해 망상이 제어되면 자연히 온갖 쓰레기로 채워졌던 두뇌의 기억공간이 깔끔하게 정돈되어 효율이 훨씬 높아집니다. 이것은 속도가 느려진 컴퓨터를 깨끗하게 포맷Format한 뒤 새로운 프로그램을 설치하는 것과 같이 마음의 집중과 처리 속도를 빠르게 만드는 것입니다.

　2014년 하버드대학의 신경 과학자인 사라 라자르 박사 팀의 연구 결과는 명상과 기억력의 관계를 명확하게 실증하고 있습니다. 명상을 하는 것만으로 기억력과 학습 능력 등이 향상된다는 것입니다. 라자르 박사팀은 실험 참가자 16명을 대상으로 명상 여부에 따른 뇌 영역의 변화를 관찰했습니다. 그 결과, 명상을 한 사람들은 그렇지 않은 이들보다 뇌에서 기억력과 학습 능력 등을 관장하는 영역이 활발해진 것으로 나타났습니다.

라자르 박사팀은 이번 연구를 위해 8주간 참가자들에게 '마음챙김 명상MBSR'을 수행하도록 하고 시행 전후 자기공명 영상장치[MRI]를 통해 그들의 뇌를 스캔했습니다.

뇌 스캔 결과 명상을 수행한 참가자들은 단 8주 만에 MRI 스캔에 나타날 정도로 뇌에 큰 구조적 변화를 일으켰는데 뇌의 일부인 회백질을 구성하는 신경세포[뉴런] 간의 연결이 이전보다 훨씬 조밀해지고 두터워진 것입니다.

그 결과 기억과 학습, 정서조절을 포함한 뇌 중심의 '좌측 해마'와 기억과 감정에 중요한 '후측 대상피질', 공감과 관련한 '측두 두정 접합', 운동조절을 돕는 '소뇌' 등의 회백질에서 변화가 나타났습니다. 반면 명상을 수행하지 않은 참가자들은 뇌 스캔에서 별다른 변화가 관찰되지 않았다고 합니다.

이에 대해 사라 라자르 박사는 "당신이 뇌의 이런 특정 부분을 활성화할 수 있다면 그것만으로 그 부분은 발달한다"면서 "이는 실제적인 정신 운동으로, 마치 몸의 근육을 만드는 것처럼 뇌도 사용해야만 기능을 잃지 않는 것을 의미한다"라고 말했습니다.

명상으로 기억력을 높이는 것은 사실 수행의 궁극적인 목적이 될 수 없습니다. 부수적인 효과에 불과하지요. 그러나 기억이라는 인간의 중요한 두뇌 활동이 강화되는 긍정적인 측면은 확실히 존재한다고 볼 수 있습니다.

학교에서도 효과적인 학습을 위해서 무조건적인 암기나 주입식 교육보다는 중간 중간에 명상의 시간을 갖는 것이 더욱 좋습니다. 특히 일회적인 명상보다는 규칙적인 명상이 뇌에 물리적 변화를 더욱 극적으로 불러일으킵니다. 이는 꾸준한 수행이 뇌 신경의 시냅스Synapse 네트워크를 새롭게 구축하기 때문입니다. 명상은 주의력과 함께 자기 자신을 인식하고 감정을 통찰하는 능력을 키워줍니다. 그 가운데 기억력도 동시에 향상되는 것입니다.

22 인내력이 생겨나는 것

명상의 열 가지 이익 - 5

좌선을 하다 보면 우리는 수시로 몸과 마음에서 일어나는 온갖 현상들과 직접 마주하게 됩니다. 졸음, 멍함, 간질거림뿐 아니라 허리와 다리의 통증, 시시때때로 일어나는 오만 가지 번뇌 망상과 만나게 되고 흘러가지 않는 시간과 더 나아가 그 와중에 갈피를 잡지 못하는 자기 자신과도 만나게 됩니다.

명상을 방해하는 또는 방해한다고 오해하는 것 중의 하나가 바로 외부의 자극입니다. 특히 현대사회는 외부에서 자극을 주는 대상이 너무나 많습니다. 저 역시도 좌선을 하려고 앉아 있다 보면 스마트폰이나 노트북으로 시선이 가는 경우가 자주 있습니다. 좌선 도중에 전화가 울리기도 하고 마친 뒤에는 부재중 전화 그리고 무수한 문자와 메신저 안내 창에 곧바로 마음을 뺏기기도 합니다. 이렇게 주인처럼 내 마음을 차지하고 있는 외부의 감각 대상에 끌려가지 않기 위해서는 최소한의 끌려가지 않는 힘, 바로 인내력이 필요합니다.

가장 기본적인 인내력은 밖으로 도망간 마음을 안으로 끌어와 내면에 집중할 수 있도록 돕는 호흡 관찰에서 얻을 수 있습니다. 숨을 쉰다는 가장 기본적인 욕구가 해결되는 순간에 우리는 육근이 일으키는 자극에서 일시적으로 벗어날 수 있습니다. 이 주의력 집중의 시간이 길어질수록 삼매의 힘이 쌓입니다.

특히 최근에 어린이들 가운데[또는 성인에게도 나타납니다] 많이 보이는 '주의력 결핍 과잉 행동장애[Attention Deficit Hyperactivity Disorder, ADHD]'를 해결하는 가장 좋은 방법으로 약물치료보다 명상이 선호되고 있습니다. 어린이들에게 명상을 지도할 때는 눈을 감도록 하는 것이 좋습니다. 이미지를 떠올리게 해 그 순간 눈앞에 우주가 펼쳐진다고 지도해도 좋습니다. 눈꺼풀이 닫히면서 생긴 어둠을 우주 공간이라고 상상하도록 이끌어야 흥미를 가질 수 있습니다. 억지로 시켜서는 안 됩니다. 자연스럽게 마음이 안정되고 편안한 상태가 될 때 효과를 낼 수 있습니다.

호흡이 안정된 상태에서 뇌파를 측정하면, 강력하게 활동하며 깨어있을 때의 뇌파인 베타파에서 완만하게 각성된 알파파가 나오는 것이 측정됩니다. 이는 대뇌피질의 과민한 활동이 억제돼

복잡다단한 생각이 쉬어지고 마음이 안정돼 간다는 의미입니다. 처음부터 인내력을 키우려는 것보다는 번잡한 마음을 쉬도록 하는 것이 순서에 맞습니다.

이쯤 되어야 인내력도 따라서 생깁니다. 이는 어린이나 성인이나 매한가지입니다. 인내력이 없어서 선을 못 한다는 분도 계시지만 뒤집어 생각하면 인내력이 없기 때문에 선을 하는 것이 더 정확한 표현입니다. 없으니까 그것을 길러내기 위해서 공부를 하는 것이 이치에 맞는 것이지요. 우스갯소리 중에 '공부는 머리로 하는 게 아니라 엉덩이로 한다'는 말이 있습니다. 좌선도 마찬가지입니다. 앉기 전에 미리 분별하거나 속단하지 말고 '오래오래 계속' 꾸준하게 좌복服坐 위에 앉는 자가 마음과의 승부에서 이기는 진정한 승리자입니다.

23 착심이 없어지는 것

#명상의 열 가지 이익 - 6

　초등학생 때 애지중지하며 가지고 놀던 장난감을 성인이 된 뒤에 가져다준다면 누구도 그때와 같은 흥미를 갖지 못할 것입니다. 마찬가지로 선명상을 통해 마음의 크기가 확장된다면 이전에 내가 고집하고 집착했던 일들이 너무나 우스워 보일 것입니다. 그때 '나'라고 생각했던 그 대상이 더 이상 '나'가 아니기 때문입니다.
　세상의 본질은 모두가 텅 비어서[空] 항상 한 자리에 고정되어 있는 것이 없습니다. 이런 이치를 터득한다면 나를 비롯한 그 무엇에도 집착할 이유가 전혀 없습니다. 명상을 오래오래 계속하다 보면 나와 외부 경계를 동일하게 생각하는 이른바 동일시同一視에서 벗어나게 됩니다. 이를 탈동일시, 탈융합, 탈중심화와 같은 용어로 설명합니다.

심리치료 분야에서 '탈동일시'는 프로이트를 대표로 하는 정신분석의 전통에서 사용하는 개념이고, '탈융합'은 '수용전념치료ACT'에서, '탈중심화'는 '인지행동치료CTB'에서 각각 사용됩니다.

탈동일시란 특정한 대상과 나를 하나라고 생각하는 관점에서 벗어난다는 의미입니다. 동일시라는 개념은 개인이 성장하면서 접하게 되는 다양한 대상이나 인물들을 자신과 하나라고 생각하면서 생겨납니다. 이러한 경계와 나를 하나라고 판단하며 생성된 이미지들은 긍정적으로 작용할 때도 있지만, 대개 부정적으로 작동하면서 자아의 성장을 가로막습니다. 이런 경우에 자신과 대상에 대한 집착을 벗어나 마음의 자주력을 세워야 합니다.

인간은 일반적으로 이러한 동일시 현상을 통해 자신이 주착하고 있는 특정한 대상에 마음을 빼앗기게 됩니다. 물론 자신보다 뛰어난 인물이나 사상을 자신과 동일하게 생각하게 된다면 자신의 정체성을 확립하는 데 도움을 줄 수도 있지만, 이것이 철석같이 굳은 습관이 되면 세상을 살아가는 데 큰 장벽으로 자리 잡는 경우가 대부분입니다.

우리는 자신의 감정과 생각, 느낌 등이 곧 '나'라고 집착을 합니다. 나는 '○○○한 인간'이라는 이미지를 만듭니다. 이런 이미지 곧 아상我相 또는 에고Ego에 갇혀있는 한 삶에서 오는 고통으로부터 벗어날 길이 없습니다. 그래서 소태산 대종사께서는 이를 '파란고해波瀾苦海'라는 단어로 표현하신 것입니다.

자신의 감정과 생각을 자기 자신이라고 믿고 집착한다면, 이것은 분명하게 '동일시' 현상에 빠진 것입니다. '나는 ○○○한 사람이야'라는 생각이 깊게 고정되어있다면, 이 생각을 벗어나 다른 사고나 사상 그리고 타인과의 관계를 받아들이기 힘듭니다. 물이 가득 찬 컵에 더 이상 물을 따를 수 없는 것과 마찬가지인 거죠.

우리들은 일반적으로 이 동일시 현상 속에서 살고 있습니다. 그 속에서 사는 것이 힘들지 않고 안정적이고 자신의 자아를 지속적으로 유지할 수 있기 때문에 그렇습니다. 그러나 우리는 이 동일시 현상에서 벗어나 '탈동일시'를 이뤄내야 합니다. 이를 통해야 진급進級하는 삶이 가능합니다.

이 탈동일시를 이뤄낼 수 있는 가장 좋은 방법이 바로 선명상입니다. 명상을 통해서 자신을 관조해 가다 보면 내가 평소에 어떤 대상과 동일시하고 있는지 발견할 수 있습니다. 그 대상을 억지로 애를 쓰며 지우거나 수정하는 것이 아니라 발견하는 그 자체만으로도 변화가 이뤄집니다. 명상을 통해서 자신의 마음속에서 일어나는 현상을 면밀하게 비춰보면 동일시라는 집착으로부터 자유롭게 됩니다.

24 사심이 정심으로 변하는 것

명상의 열 가지 이익 - 7

아무리 선한 사람이라도 상대방의 괴롭고 슬픈 일에는 공감하기 쉬우나 상대방의 기쁘고 잘된 일에 함께 하기는 쉽지 않습니다. 사촌이 땅을 사면 누구나 배가 아픈 것이죠. 미운 사람 꼴 보기 어려운 것도 사람의 속성입니다. 이러한 내 마음의 어두운 부정성은 선명상을 통해 곧바로 밝은 긍정성으로 전환할 수 있습니다. 이것은 곰팡이를 없앨 때 소독제를 뿌려 문질러 닦는 것보다 밝은 햇볕에 내놓아 바람을 쐬면 자연히 해결되는 것과 같은 이치입니다.

인간의 도덕성 발달이론으로 유명한 미국의 심리학자 로렌스 콜버그[Lawrence Kohlberg, 1927~1987]에 따르면 '인습 이전 수준Pre-Conventional Level'의 인간은 '벌과 복종의 단계'와 '도구적 목적과 교환'

의 단계를 지나 '인습 수준Conventional Level'에 이르게 된다고 합니다.

벌과 복종의 단계는 처벌을 피하기 위해 고의로[또는 억지로] 올바른 행위를 하는 단계이며, 도덕적 목적과 교환의 단계는 자신의 욕구를 충족시킬 수 있는지 없는지가 도덕적 판단의 기준이 되는 단계입니다.

이 수준에서 대인관계의 조화를 위한 도덕적으로 옳은 행동은 타인과 좋은 관계를 유지하고 기대에 맞게 행동하는 '개인 간의 상응相應적 기대, 관계, 동조의 단계'와 옳은 행동이란 사회질서를 유지하면서 자신의 의무를 다하는 '사회체제와 양심 보존의 단계'를 거치게 된다고 합니다.

이후 '인습 이후 수준Post-Conventional Level'에서는 사회계약 정신으로서의 도덕적 법과 질서가 무조건 옳은 것이 아니라 사회적 합의에 따라 유연하게 바뀔 수 있는 '권리 우선과 사회계약'의 단계를 거쳐 도덕적 원리에 따라 스스로 선택한 양심적인 행위가 올바른 행위라고 보는 '보편윤리적 원리의 단계'라는 원숙한 단계에 도달한다고 주장했습니다.

콜버그는 말년에 '우주적 영생을 지향하는 단계'를 추가하게 됩니다. 진정한 도덕성을 우주적 원리[원불교 교리의 핵심인 일원상 진리 또는 불성(佛性), 신성(神性), 영성(靈性)]와의 합일로 보는 단계입니다. 이는 붓다와 예수, 소태산과 같은 성인들의 지경에 이르는 것을 목표로 하는 것입니다. 결국 콜버그가 주장하는 도덕성 향상의 길,

인간 완성의 길은 벌과 복종으로 이루어지는 인위적인 방법이 아니라 지극한 수양의 결과로 마음의 평화를 얻는 데에서 완성된다고 해석할 수 있습니다.

한국 사회 전반에 흐르는 폭력적 기류, 진보와 보수 등의 이념으로 자신과 타자를 분리하는 패거리 문화, 자본의 갑질과 일방적 착취를 극복하는 길은 사회적 제재보다 보편적 진리와 인간의 양심에 호소하는 것이 더 효율적인 방법이 될 것입니다. 이것은 햇볕이 결국 바람을 이겨 행인의 두꺼운 외투를 벗게 만든다는 이솝우화의 한 대목이기도 합니다. 결국 사심은 억지로 깨서 없애는 것이 아니라, 진리와 도덕에 바탕한 수행으로 자연스럽게 정심正心으로 돌이키게 해야 합니다.

요즘 주목받고 있는 '인성교육'도 그저 교육을 위한 한 과목에 그칠 것이 아니라 선명상과 마음공부를 통해 그 본래 취지를 업그레이드해야 합니다. '인성교육진흥법'에서는 인성교육을 '자신의 내면을 바르고 건전하게 가꾸고 타인·공동체·자연과 더불어 살아가는 데 필요한 인간다운 성품과 역량을 기르는 것을 목적으로 하는 교육'이라고 정의합니다.

경쟁에 내몰려 영혼을 파 먹히고 있는 우리 아이들에게 선명상을 통해 참된 성품과 역량을 기르게 하고 사심邪心을 돌려 정심正心을 회복하도록 하는 일은 무엇보다도 요긴한 인성교육의 빠른 길이 될 것입니다.

25 자성의 혜광이 나타나는 것

명상의 열 가지 이익 - 8

"업은 본래 무명無明인지라 자성의 혜광慧光을 따라 반드시 없어진다"라고 소태산 대종사께서는 원불교『정전』'참회문'에 말씀하셨습니다. 선을 통해 우리는 삶을 속박하는 많은 부정적인 요소들이 사라지게 할 수 있습니다.

이때 그 부정적인 것을 하나하나 찾아서 제거해야 한다는 생각에 사로잡혀서는 안 됩니다. 지혜가 밝아질 경우 무지無知는 단박에 제거됩니다. 그것은 밝은 불빛을 켜는 순간 싸우지 않아도 어둠은 저절로 사라지는 것과 같은 이치입니다.

이렇게 지혜의 빛이 어둠을 몰아내고 속박된 몸과 마음이 참 자유를 얻게 됩니다. 빗으로 헝클어진 머리를 단정히 빗어내듯 선명상은 마음을 단정하게 만드는 기술입니다. 이때 생겨난 지혜는 복잡한 내 마음과 인간관계에서 오는 문제를 일목요연하게 정리해줍니다.

제가 좋아하는 선禪의 일화는 석가모니 부처님에게 비롯되어 달마 대사를 통해 전해 내려오는 심인心印 법을 계승한 육조 혜능[六祖 慧能, 638~713]의 이야기입니다. 지금은 중국의 광저우 근처인 신주新州라는 시골 출신으로 아버지는 일찍 돌아가시고 나무를 해서 홀어머니를 봉양하던 까막눈의 총각인 혜능은 우연히 『금강경』의 '응무소주 이생기심應無所住而生其心'의 구절을 듣고 곧장 불법에 귀의하기로 결심합니다. 풍무산에서 가르침을 펴고 있는 오조 홍인五祖弘忍 대사를 찾아가서 행자로 8개월간 허드렛일을 했습니다. 홍인은 혜능을 떠보려고 했는지 "신주 땅 오랑캐가 어떻게 부처가 되려고 하는가?"라고 물었고, 이에 혜능은 "사람이야 남북이 있지만, 불성에 어찌 남북이 있습니까?"라고 당차게 받아칩니다. 『금강경』의 한 구절로 자성의 차별 없는 자리를 봤으니 곧바로 고하高下가 없는 지혜가 나오는 것입니다. 제가 정말 좋아하는 장면은 바로 다음입니다.

홍인 대사가 자신의 법을 전하기 위해 제자들에게 게송偈頌을 지어 오게 했는데 수제자인 신수神受가 지으리라 생각하고 다들 아무도 나서지 않았습니다. 신수는 스승 앞에 바로 서지 못하고 법당 벽에 이렇게 적어 놓고 돌아섭니다. "몸은 보리의 나무요[身

是菩提樹] 마음은 밝은 거울과 같나니[心如明鏡臺] 때때로 부지런히 털고 닦아서[時時勤拂拭] 티끌과 먼지 묻지 않게 하라[莫使有塵埃]." 아직 투철한 확신이 서 있지는 않았던 것입니다. 홍인은 이 게송을 보고 "이대로 수행하면 큰 죄는 짓지 않을 것이다. 다만 문턱을 넘지는 못했다"라고 평했습니다.

문맹文盲인 혜능은 옆에 있던 동자승에게 신수의 게송을 읽어달라고 부탁하고 자신도 한 게송을 지을 테니 벽에 적어달라고 합니다. 그 게송이 바로 유명한 "보리는 본래 나무가 없고[菩提本無樹] 밝은 거울 또한 틀이 아니네[明鏡亦非臺]. 본래 한 물건도 없으니[本來無一物] 어느 곳에 티끌과 먼지가 있으리오[何處有塵埃]"입니다.

이후 혜능은 우여곡절을 거치면서 스승인 홍인의 법을 이어받아 중국 선종禪宗의 6대 조사祖師가 됩니다. 그 과정에서 목숨을 잃을 위기도 있었지만 지혜의 빛은 꺼짐이 없었습니다. 자성의 혜광이 태양보다 밝게 비춘 것입니다.

저는 고등학생 때 이 이야기에 크게 매혹되어 원불교학과 1학년 재학 중에 육조대사의 유적지를 누볐던 기억이 아직도 생생하게 남아 있습니다. 선은 우리 마음[自性]에 요란함, 어리석음, 그름을 제거하라고 가르치는 것이 아닙니다. 그런 것은 본래 없다고 가르치는 것이 선입니다. 그래서 혜능 대사가 말씀하신 "심지무란자성정[心地無亂自性定, 심지에 요란함이 없는 것이 자성의 '정'이요], 심지무치자성혜[心地無痴自性慧, 심지에 어리석음이 없는 것이 자성의 '혜'요], 심지무

비자성계[心地無非自性戒, 심지의 그릇됨이 없는 것이 자성의 '계'다]"의 『육조단경』 법문은 원불교 교도라면 아침, 저녁으로 독송讀誦하는 '일상수행의 요법' 1·2·3조에 그대로 남아 우리의 수행 표본으로 전해지고 있습니다.

26 극락을 수용하는 것

명상의 열 가지 이익 - 9

원불교는 이 세계 밖 특정한 장소나 공간에 극락이나 천국이 건설되어 있다고 가르치지 않습니다. 오히려 극락과 지옥은 다른 곳이 아니라 내 마음의 기쁨과 고통이 만들어내는 일종의 심리적 현상이라고 설명합니다. 그래서 소태산 대종사께서는 "네 마음이 죄복罪福과 고락苦樂을 초월한 자리에 그쳐 있으면 그 자리가 곧 극락『대종경』변의품 10장"이라고 하십니다.

우리가 살아가는 이 세상은 절반의 기쁨과 절반의 고통으로 이루어져 있습니다. 적당한 고통과 기쁨이 있으므로 마음공부에 좋은 조건을 갖추고 있습니다. 세상의 기쁨이나 고통은 대부분 영원하지 않고 일시적입니다. 이러한 이치를 있는 그대로 받아들이는 것이 바로 마음속에 극락을 수용하는 것입니다. 그래서 "고와 낙을 초월한 자리를 극락이라 이르느니라『대종경』성리품 3장"고 말씀하신 것입니다.

천만 관객을 돌파하며 흥행에 성공한 영화 '신과 함께'는 불교와 죽음 그리고 효孝라고 하는 전통적인 키워드를 현대적으로 해석해 많은 관객의 사랑을 받았습니다. 특히 원불교에서 익숙한 사후 49일간 영혼이 머무르게 되는 중음中陰의 개념은 영화에서 그대로 엿볼 수 있습니다.

불교에서는 사람이 죽으면 명부冥府라고 불리는 곳에서 49일 동안 7명의 대왕을 만나 7번의 심판을 받는다고 합니다. 이때의 판결 내용에 따라 육도[천상, 인간, 수라, 축생, 아귀, 지옥]로 윤회를 하게 된다는 것이 극락과 지옥에 관한 불교적 입장입니다. 사실 이러한 사상은 불교와 힌두교, 도교 그리고 무속 등 민간신앙이 뒤섞인 결과라고 할 수 있습니다.

스포일러가 될 것 같아 자세한 설명은 어렵지만, 영화가 동명의 웹툰을 바탕으로 제작되었으니 전반적인 설명은 가능할 것 같습니다. 주인공 김자홍은 이생에서 큰 불효를 저지를 뻔했다는 죄스러움으로 집을 뛰쳐나옵니다. 이후 소방관이 되어 희생적인 삶을 살다 사고로 죽은 그는 저승에서 '귀인貴人'으로 판결을 받지만 죄책감이라는 이름으로 마음속에 자리 잡은 강한 집착은 죽음 앞에서도 해결되지 않습니다.

이후 김자홍은 저승 삼차사로 불리는 일종의 '변호사'들과 함께 지옥세계를 넘나들며 저승 대왕들의 판결을 순차적으로 받게 됩니다. 매번 위기의 순간이 찾아오지만 전생에 쌓은 선업善業과 삼차사의 노력[원불교식으로 해석한다면 이승과 저승을 자유롭게 다니는 '강림차사 강림도령'은 수양력으로, 말보다 행동파인 '일직차사 해원맥'은 취사력으로, 다음 지옥의 기소 내용을 미리 알 수 있는 능력과 변호의 재능을 가진 '월직차사 이덕춘'은 연구력으로 비유해도 좋을 것 같습니다]으로 수월하게 넘어갑니다.

그러나 지극히 선량했던 김자홍이지만 살아생전 풀지 못한 업력은 그의 발목을 지옥 문턱까지 끌어당깁니다. "만일 마음 가운데 원진을 풀지 못하면 그것이 내생의 악한 인과의 종자가 되느니라[『대종경』 천도품 3장]"는 말씀대로 영화에 등장하는 인물들[자홍의 동생 김수홍, 관심병사, 소대장 그리고 하다못해 저승 삼차사까지도] 모두가 인연에서 오는 강한 집착과 탐착으로 가슴 아파하고 괴로움 속에서 지옥 생활을 하는 바로 우리들의 또 다른 모습이기도 한 것입니다.

영화 '신과 함께'는 우리 마음속에서 하루에도 수십 번씩 오르락내리락하며 생생하게 작용하는 이승과 저승, 극락과 지옥, 육도의 세계가 그대로 드러나 있는 한 편의 설법입니다.

그리고 그 결론은 "이승에서 이미 진심으로 용서받은 내용은 저승에서 다루지 않는다"는 염라대왕의 명대사로 정리할 수 있습니다. 살아서 수용하지 못할 극락이라면 죽어서 가게 될 극락 역시 존재하지 않을 테니까요.

27 생사에 자유를 얻는 것

명상의 열 가지 이익 - 10

생사生死에 자유를 얻으면, 죽지 않고 영원히 살 수 있는지[永生不死] 궁금할 수 있습니다. 우리에게 우주를 살 수 있을 만큼의 금은보화金銀寶貨가 주어진다고 해서 물질의 집착에서 벗어나는 것은 아닙니다. 오히려 끝을 모르고 치솟는 자신의 탐욕과 만날 가능성만 더 커질 뿐입니다.

육신을 지탱하는 생명의 수량이 늘어난다고 생사에 자유로울 수는 없습니다. 어느 정도는 생에 대해 여유를 가질 수 있겠지만, 죽음의 공포는 시시각각 그를 덮칠 것입니다.

근래의 어떤 종교가 영생을 주장하며 자신들의 교주는 죽지 않고 육신 그 자체로 불멸할 것이라고 주장했습니다. 그러나 그 교주는 살인 사건에 연루가 되어 법의 심판을 받던 도중 감옥 안에서 허무하게 죽음을 맞이하고 말았습니다. 남아있는 신도들은 아직도 자신들의 구세주가 부활해서 자신들을 찾을 거라고 주장하고 있습니다. 죽음을 벗어나겠다는 강렬한 욕망이 한편으로 왜곡되어 태도와 행동이 일관되지 않은 모순된 상태를 보여주는 '인지 부조화'의 사례가 드러나고 있는 것입니다.

생사의 자유를 얻는다는 것은 삶의 어떤 상황 속에서 비굴하지 않고, 죽음에 직면해도 당당하고 흔들리지 않는 본래 평정平靜의 상태로 돌아가는 것입니다. 인간은 늘 실존적 불안에 떨고 있습니다. 죽음 앞에서 벌어지는 우울과 불안은 극도에 들어가 우리를 삶의 노예로 만들기 십상입니다.

그러나 선명상을 통해 이 세상은 오고 가는 이치로 건설되어 있음을 곧바로 볼 수 있다면, 관념적 생사에서 벗어나 있는 그대로의 생사를 받아들일 수 있게 됩니다. 삶과 죽음을 분리된 별개로 본다면 우리가 경험하지 못한 죽음이라는 것은 감당하지 못할 엄청난 공포와 절망으로 우리 마음에 자리할 것입니다.

하지만 생사는 단절의 세계가 아니라 연속되고 순환하는 구조로 맞물려 돌아갑니다. 이에 소태산 대종사께서는 "사람의 생사는 비하건대 눈을 떴다 감았다 하는 것과 같고, 잠이 들었다 깨었다 하는 것과도 같다『대종경』천도품 8장"는 말씀을 우리에게 전하고 있습니다. 또한 소태산의 법통을 이어 받은 정산 종사께서도 "생사 대사를 해결하는 데에 세 가지 계단이 있나니, 하나는 본래에 생사가 둘 아닌 자리를 깨달아 아는 것이요, 둘은 본래에 생사가 없고 생사가 둘 아닌 자리를 체 받아 지키는 것이요, 셋은 본래에 생사가 없고 생사가 둘 아닌 자리를 베풀어 활용하는 것이라. 이 세 가지 계단의 실력을 갖추어야 생사 대사를 완전히 해결하였다 하느니라『정산종사법어』생사편 1장"고 하셨습니다.

우리가 이 몸이 나라는 생각에 집착하게 된다면 이를 유지하고 있는 삶이라는 영역은 놓칠 수 없는 강력한 애착의 대상이 될 것입니다. 동시에 이 몸을 무너뜨릴 죽음이라는 영역은 피하고 싶은 강력한 금기의 대상이 됩니다. 생사에 대한 집착을 끊고 이것이 둘이 아니라는 이치를 체득하기 위해서는 세속적인 학문이나 지식이 아닌 벼락과 같은 강력한 지혜의 힘이 필요합니다.

흔히 말하는 『금강경』의 '금강金剛'은 산스크리트어 '와즈라Vajra'를 해석한 것입니다. 이는 현존하는 가장 단단한 광물인 '다이아몬드'와 신화에서 강력한 권위의 상징으로 쓰이는 '번개'라는 두 가지 의미를 함께 가진 단어입니다. 우리가 생生과 사死의 집착을 놓아버리기 위해서는 모든 것이 공空 하다는 진리를 휘둘러 마음속의 분별, 집착, 번뇌 등을 부숴버려야 합니다. 그런 뒤에야 미련 없이 곧장 깨달음으로 들어갈 수 있습니다. '생사에 자유를 얻는다'는 표현 자체가 둘이 아닌 성품의 원리를 투철히 체득한다는 의미이며 그 원동력은 곧 선을 통해 마련할 수 있습니다.

뜻
고
르
기

28 판단하는 것이 아니다 [非思量]

명상 공부를 위한 당부 - 1

우리는 일상생활 속에서 무수히 많은 선택의 기로에 서 있습니다. 그 선택에는 헤아릴 수 없이 많은 가치와 판단이 담겨있습니다. 그러한 판단들은 곧 습관으로 굳어지고 하나의 에너지로 변화하여 자리 잡게 됩니다.

조용히 앉아서 마음을 들여다보고 있으면 무수히 많은 판단[망상]을 거듭하고 있는 자신을 발견하게 됩니다. 어떤 것은 '나'에게 좋은 것, 어떤 것은 '나'에게 나쁜 것, 이와 같이 기계적으로 끊임없이 꼬리표를 붙이고 있는 자신을 알아차리기만 해도 선명상 공부의 첫발을 잘 떼는 것입니다.

나[我相, Ego]라는 색이 칠해진 안경을 벗고 객관적으로 자신과 주위를 그저 바라만 보는 것, 그것이 "이 자리가 곧 성품의 진체이니 사량思量으로 이 자리를 알아내려고 말고 관조로써 이 자리를 깨쳐 얻으라『대종경』성리품 31장"고 하신 소태산 대종사의 가르침입니다.

제가 처음 좌선을 배울 때 많은 스승님이 일관되게 말씀하신 것 중 하나가 '생각에 속지 말라'는 것이었습니다. 처음에는 그 말을 이해하기가 어려웠습니다. 어떻게 하는 것이 생각에 속지 않는 것인지 알 수가 없어서 이를 골똘히 생각하고 있으면 또다시 그 생각에 속아버린 나 자신을 발견할 수 있었습니다.

또 어느 때에는 환희롭고 신비한 체험이 와서 그 체험을 놓지 못해 전전긍긍하는 자신을 볼 수 있었고 번뇌 망상에 발목이 잡혀 조금도 앞으로 나가지 못하는 자신에게 실망할 때도 있었습니다. 이럴 때 꼬리를 무는 '퇴굴심'은 좌선 그 자체에 대한 회의를 주기도 했습니다.

그러나 어느덧 이러한 마음작용보다 이 작용에 대한 나 자신의 태도가 중요하다는 사실을 알게 됐습니다. 우주와 합일을 하던, 번뇌에 붙잡히던, 어떠한 경험이 내게 오더라도 그러한 경험을 바라보는 나의 태도에 근본적인 초점을 맞춰야 한다는 것을 알게 됐습니다. '판단하는 것이 아니다'라고 이것이 바로 제가 선명상을 공부하는 여러분께 드리는 첫 번째 당부입니다.

판단하지 말라는 말씀은 우리가 좌선이나 명상에 들어 있을 때뿐만 아니라 일상생활에서 어떤 경계를 대할 때, 순간마다 자동적으로 올라오는 시비 이해에 대해 평가하거나 선택하는 것이 아니라 있는 그대로 알아차리라는 것을 의미합니다. 이는 모든 명상에서 가장 중요한 태도입니다. 덧붙여 원불교의 수행이론인 '삼학三學' 중 '정신수양'에 해당하는 "안으로 분별성과 주착심을 없이"하고, "밖으로 산란하게 하는 경계에 끌리지 아니"한다는 말씀으로 요약할 수 있습니다.

제가 명상을 지도할 때 자주 던지는 질문 중의 하나가 "그 현상은 좋은 건가요? 나쁜 건가요?"라는 물음입니다. 이렇게 물으면 선객들은 순간적으로 당황합니다. 당황한다는 것 자체가 현재 머릿속이 급격한 속도로 회전하면서 '좋은 것과 나쁜 것 중에 무엇을 선택해야 하나'라는 이중 구속[Double Binding]에 갇혀 있다는 방증이기도 합니다.

이런 상황에서 저는 일반적으로 "그 현상은 좋은 것도 아니고 나쁜 것도 아니고 그냥 그 현상일 뿐입니다"라고 답변을 드립니다. 이는 의두·성리를 해결하는 중요한 열쇠이기도 합니다.

예를 들어 좌선을 할 때 생각이 어제 본 영화에 머물러 있다고 합시다. 일반적으로 이것은 선을 방해하는 '나쁜' 현상이라고 판단할 수 있지만 이것은 그냥 '영화에 대한 생각'일 뿐입니다. '좋다', '나쁘다'는 판단이 자리 잡게 되면 이미 걷잡을 수 없는 마음의 수렁에 한 발을 내딛게 됩니다. 그 판단을 내려놓아야 '영화에 대한 생각'에서 자연스럽게 벗어나 훨훨 날 수 있습니다.

29 인내심을 가져라 [執忍勇]

명상 공부를 위한 당부 - 2

흔히 공부는 머리로 하는 것이 아니라 엉덩이로 하는 것이라고 말합니다. 이것저것 따지지 말고 일단 5분이라도 방석에 앉는 것이 바로 선 공부를 본격적으로 시작하는 것입니다. 마음공부를 하는 사람이 지속적이고 끈질긴 정진심을 놓치게 된다면 성품을 깨달을 기약은 점점 멀어지게 됩니다.

학창 시절 한창 좌선에 재미가 나서 방학 때도 시간 가는 줄 모르고 정진을 하는데 한나절이 지나니까 가부좌를 틀은 다리가 어찌나 아픈지 끊어져 나가는 것만 같았습니다. 참을 만큼 참다가 나중에는 온몸이 떨려 어금니가 딱딱 부딪힐 정도로 아팠습니다.

그러다가 '이러다가 다리를 못 쓰게 되면 어떡하지'라는 생각이 덜컥 들었습니다. 단순한 걱정이 아니라 공포심이 올라왔습니다. 마구니 시험[魔障]이 시작된 것입니다. 사실 공부가 익어 가면 몇 가지 경계가 나타나는데 그중 하나가 극단적인 '공포'입니다. 에고[Ego, 我相]의 입장에서는 자아自我가 깨달음을 통해 마음의 자유를 얻는다면 그것만큼 충격적인 사건은 없을 것입니다.

부처님께서 6년 수행을 하시다가 양극단에 도가 있지 않다는 사실을 발견하시고 극단적인 고행苦行 대신에 중도中道의 선정에 들게 되었습니다. 이때 천상에 자리 잡은 마왕 파순波旬의 궁전이 박살 나기 일보 직전이 되었다고 불경에 기록되어 있습니다.

이것은 자성이 밝아지면 저절로 에고가 무너진다는 심리학적 사실에 대한 비유로 읽을 수도 있습니다. 이러한 공포가 몰려와서 지도 교무님께 상의를 드리게 됐습니다. 그랬더니 웃으시며 "역대 도인 중에 좌선坐禪하다가 다리 불구 된 사람 없는데 네가 처음이 된다면 얼마나 영광스러운 일이냐."라고 하시는 것입니다. 그래서 무서운 마음도 내려놓고 다시 편안하게 자리에 앉아 삼매에 들었더니 나중에는 다리도 포기했는지 이후 거짓말처럼 통증이 사라지고 다시 아프지 않은 경험을 했습니다.

물론 항상 그런 방식으로 아픔을 이겨낼 필요는 없겠지만 흔들리는 몸과 마음을 붙들기 위해서는 극기克己의 정진심이 필요합니다. 원불교의 3대 종법사인 대산 종사[김대거,1914~1998]께서도 "인내에서 해탈이 이루어진다. 각자의 신앙과 수행에 있어 자기 실천은 얼마만큼 인내력이 있는가 살펴보라『대산종법사 법문집 3집』 '제3편 수행' 105. 대해탈(大解脫)]"고 당부하셨습니다. 인내忍耐는 한 번에 되지 않습니다. 서둘러서는 성취하지 못합니다. 급하다고 실을 바늘허리에 매어 쓸 수 없습니다. 바늘귀를 바라보며 숨을 가다듬고 정신을 집중해 실을 꿰는 그 순간은 바로 여유에서 시작됩니다.

선을 시작하던 초심자 시절에, 저 역시 누구보다 성질이 급한 사람이고 속히 완성되기를 바라는 낮도깨비 같은 면이 있어 빨리 도道를 이루고 싶어 몸살을 치던 시간이 셀 수 없이 많았습니다. 그러나 공부의 성취는 엉뚱하게도 밀어붙일 때가 아니라 침을 한 번 꿀꺽 삼키고 한 경계를 넘겼을 때 나타났습니다.

이제 선명상 공부를 시작하는 분은 겨우 씨앗 하나를 심었을 뿐입니다. '언제 이것이 자라 아름드리나무가 될꼬?' 하는 걱정은 차분히 내려놓으시고 그 그늘 아래 편안하게 삼매에 잠길 그날을 상상해 보십시오. 그 사이에 싹이 트고 뿌리가 자리 잡게 될 것입니다. 공부의 결과는 법신불께 맡기고 여러분은 그저 한 걸음 한 걸음 인내의 발걸음을 쉬지 않고 나가시길 당부합니다.

30 처음 시작할 때의 그 마음 [初發心]

명상 공부를 위한 당부 - 3

과거는 이미 되돌릴 수 없고 미래는 아직 당겨올 수 없습니다. 우리는 영원한 현재, 영원한 지금 위에 살고 있습니다. 지나간 날에 발목이 잡혀서 지금 이 순간에 도달하지 못하거나, 오지 않은 미래에 속아서 현재를 외면하지는 않습니까? 처음의 그 마음, 처음의 그 설렘을 간직하는 것은 인간관계에서뿐만 아니라 선에서도 필수적으로 요구됩니다.

익숙한 사람, 상황, 물건을 처음 대하는 것처럼 '있는 그대로' 볼 수 있는지 아니면 자신의 잣대로 판단, 평가하고 있지는 않은지 살펴보시기 바랍니다. 소태산 대종사께서는 "이것은 마치 새 옷을 입은 사람이 처음에는 그 옷을 조심하여 입다가도 때가 묻고 구김이 지면 그 주의를 놓아버리는 것과 같다(『대종경』인도품 38장)"는 비유로 알려주고 계십니다.

일상에 매몰되어 초심에 대한 주의를 놓아버리기 쉬운 것이 우리의 삶입니다. 불가에서도 '초발심시변정각初發心是便正覺' 곧 처음의 마음을 오롯하게 유지하는 것이 바른 깨침을 얻는 길이라고 가르칩니다. 초심을 놓지 않는 것은 수행의 중요한 비결입니다.

내가 어떠한 대상에 대해서 잘 알고 있다는 판단이 서게 되면 곧바로 그것에 대한 새로운 정보는 차단돼 버리고 맙니다. 예를 들어 '자녀에 대해서 부모인 나만큼 잘 아는 사람이 없다'는 생각이 마음속에 들어서면 아이에 대한 새로운 정보는 즉각적으로 차단되고 맙니다. 특히 '내 자녀는 나의 것'이라는 소유의 개념까지 함께 주입된다면 자녀를 이해하는 것은 고사하고 둘 사이에는 거대한 벽이 생길 수도 있습니다.

더구나 지금 이 순간 "'나'는 진리에 대해서 어느 정도 알고 있다", "'나'만큼 교리를 잘 아는 사람은 없다"며 자신 있게 장담하고 있다면 정신적인 향상이나 진급進級은 고사하고 영생의 제도문이 서서히 닫히고 있음을 상기해야 합니다. 바로 위에서 예를 든 두 가지 영적인 허풍 앞에 '나Ego'라고 하는 무서운 단어가 마음속에 뱀처럼 똬리를 틀며 자리 잡고 있다는 사실을 기억하시기 바랍니다.

초심이 중요한 이유는 이를 유지하는 사람만이 진급하고 변화할 수 있기 때문입니다. 우리 몸의 위장 내벽 세포는 2시간 반 정도면 살다가 죽어 새로운 세포에 자리를 내주고 적혈구는 3개월을 살고 교체된다고 합니다. 체세포는 25~30일 정도 살며 1년 정도면 몸에 있는 대부분의 낡은 세포는 죽어 없어지고 새 세포로 교체됩니다. 적어도 1년 안에 육체적으로는 완전히 새로운 인간으로 변화한다는 의미입니다.

만일 우리의 육체가 아기 때의 첫 마음을 잃고 낡은 세포를 고집하며 새로운 세포의 성장을 거부하여 사멸 주기를 무시하게 되면 그것은 곧 죽음으로 향하게 되는 것입니다. 바로 이런 현상이 의학적으로 암癌입니다. 사람의 정신도 이와 같이 고정관념에 찌들어 변화를 거부하는 경우와 변화에 순응하고 그 흐름에 올라타는 경우가 있습니다. 초심을 잃지 않는 사람은 변화를 두려워하지 않고 "일일 시시日日時時로 자기가 자기를 가르칠 것『정전』'수행편' 솔성요론 8.]"입니다. 이런 사람은 하루가 다르게 성장하고 진급하게 됩니다.

잘 알려진 소설 『삼국지』에는 '괄목상대刮目相對'라는 고사古事가 전해지고 있습니다. 오吳나라 손권孫權의 부하 중 여몽呂蒙이라는 장군은 전쟁에서 많은 공을 세웠지만 학문을 갖추지 못했다고 합니다. 그는 공부를 권하는 손권의 충고를 받아 전쟁터에서도 손에서 책을 놓지 않고 공부했다고 합니다. 얼마 후 손권의 휘하에서 뛰어난 학식과 지혜를 자랑하는 노숙이 여몽과 이야기를 나누다가 옛날과 달리 그가 매우 박식해져 있음을 알고 깜짝 놀랐다고 합니다. 이에 여몽이 "선비는 헤어진 지 삼 일이 지나면 눈을 비비고 다시 볼 정도로 달라져 있어야 하는 법입니다"라고 한 이야기에서 괄목상대라는 말이 유래합니다. 손권의 충고를 받아들여 변화로 진급을 맞이한 여몽처럼 여러분도 초발심으로 괄목상대하는 공부인이 되시기를 간절히 염원합니다.

31 믿음을 지키라 [守信心]

명상 공부를 위한 당부 - 4

모든 종교에서 공통으로 강조하는 것 중의 하나가 바로 믿음입니다. 원불교도 마찬가지입니다. 소태산 대종사께서는 믿음은 "만사를 이루려 할 때에 마음을 정하는 원동력[『정전』 '교의편', 팔조 중]"이라고 말씀해주셨습니다.

공부인에게 있어 만사萬事 중 가장 중요하고 급한 일은 깨침을 얻어 중생을 건지는 '성불제중成佛濟衆'의 서원입니다. 여기에 마음을 정했으면 좌우를 돌아보지 않고 한길로 나아가야 합니다. 외부의 헛된 권위나 명성에 사로잡혀 자신의 직관이나 경험을 무시하지 마십시오. 나를 가장 나답게 하는 것이 수행의 이유입니다. 내면의 목소리에 마음을 정하고 거기에 귀를 기울여야 합니다.

바른 믿음이 바른 결과를 가져오기 때문입니다.

믿음을 지키라는 당부는 외부에 존재하는 절대적 존재를 믿고 거기에 기대는 의타적 믿음Faith을 뜻하는 것이 아닙니다. 나도 부처님이나 대종사님 같은 성인이 될 수 있다는 자기 확신의 신념 Conviction입니다. 일단 서원誓願을 정한 후 내가 걸어가는 길이 스승님이 앞서가신 길과 동일한지 매번 철저하게 점검해야 합니다. 그리고 그 해답은 경전에 담겨 있습니다.

소태산 대종사께서는 믿음[信心]을 다음과 같이 정리해 주십니다. "스승이 제자를 만나매 먼저 그의 신성을 보나니, 공부인이 독실한 신심이 있으면 그 법이 건네고 공을 이룰 것이요, 신심이 없으면 그 법이 건네지 못하고 공을 이루지 못하느니라. 그런즉 무엇을 일러 신심이라 하는가. 첫째는 스승을 의심하지 않는 것이니 비록 천만 사람이 천만 가지로 그 스승을 비방할지라도 거기에 믿음이 흔들리지 아니하며 혹 직접 보는 바에 무슨 의혹되는 점이 있을지라도 거기에 사량심思量心을 두지 않는 것이 신이요, 둘째는 스승의 모든 지도에 오직 순종할 따름이요 자기의 주견과 고집을 세우지 않는 것이 신이요, 셋째는 스승이 혹 과도한 엄교嚴敎 중책重責을 하며 혹 대중의 앞에 허물을 드러내며 혹 힘에 과한 고역을 시키는 등 어떠한 방법으로 대하더라도 다 달게 받고 조금도 불평이 없는 것이 신이요, 넷째는 스승의 앞에서는 자기의 허물을 도무지 숨기거나 속이지 아니하고 사실로 직고하는 것이 신이니라. 이 네 가지를 갖추면 특별한 신심이니 능히 불조佛祖의 법기法器를 이루게 되리라『대종경』신성품 1장]."

　부처님 역시 믿음을 매우 중요하게 강조하고 있습니다. 『화엄경』에서도 "믿음은 도의 근원이요, 공덕의 어머니[信爲道元功德母長養一切諸善法]"라고 신심信心의 중요성을 강조하고 있습니다. 소태산 대종사께서 깨달음을 얻으시고 불가의 경론經論 중에 참고하셨던 하나가 바로 중국 남송 말기에 선의 바람을 크게 불린 고봉 스님의 『선요禪要』입니다.

　이 책에서는 깨달음으로 가는 중요한 요소를 '대신심大信心, 대분심大憤心, 대의심大疑心'으로 정리하고 있습니다. 이 가운데 특히 대신심은 자신은 물론 일체중생이 본래 성불해 있다는 믿음입니다. 나와 부처님은 어떠한 차별도 없고 설사 모습과 나타난 능력에 차이가 있다 하더라도 본래 갖춰져 있는 불성은 다르지 않다는 믿음입니다.

　선방에서 수행 지도를 하다가 간혹 대중에게 "○○○님은 부처입니까?"하고 묻습니다. 질문을 받은 선객은 당황하거나 우물쭈물 대답을 망설이는 경우가 있습니다. 이런 경우 당당하게 자신이 부처임을 믿는 마음만 갖춰도 수행은 다 된 것과 다름없습니다. 설사 100%의 확신이 없더라도 자신이 부처라는 믿음에 마음을 정하시기 바랍니다. 1%의 확신으로 99%의 불안을 깨버릴 수 있는 것이 바로 마음공부입니다. 그런 뒤에야 한 행동 한 행동이 순식간에 부처의 행으로 변화하게 됩니다.

32 애쓰지 마라 [不用力]

명상공부를 위한 당부 - 5

부처나 성인이 되겠다는 서원은 소중한 것이지만 중도中道를 넘거나 집착에 머물게 되면 그 수행으로 얻을 수 있는 것은 아무것도 없습니다. '그 무엇'이 되려고 수행을 해서는 또한 이룰 수 있는 것이 하나도 없습니다. 우리의 마음공부는 쇼핑을 통해 포인트를 적립하는 것이 아닙니다. 특정한 대가를 바라는 행위는 거래이지 수행이 아닙니다. 오히려 무엇이 되려고 애쓰지 않는 것이 수행의 목표입니다. 일견 모순으로 보일지 모르나 애쓰지 않아야 있는 온전한 나 자신을 회복할 수 있습니다.

중국 송나라 시절에 선의 진리를 고스란히 담았다는 평을 듣고 있는 『벽암록』이라는 책에는 재미있는 기록이 보입니다. 불교를 지극히 숭상해 도처에 절을 세우고 스님들을 공양했으며, 스스로 법복을 입고 경전을 강론해 '불심천자佛心天子'라고 불린 양나라의 무제武帝와 달마 대사의 그 유명한 대화가 바로 그것입니다.

양무제는 은근히 자신의 공덕을 자랑해 달마 대사의 인정을 받으려고 묻습니다. "짐은 사찰을 일으키고 스님들에게 도첩[국가에서 공인받은 신분증명세]을 내렸는데, 무슨 공덕이 있겠습니까?" 달마는 요즘 말로 시크하게 답합니다. "공덕이 없습니다[無功德]."

그렇다고 양무제의 공덕이 어디로 가겠느냐만 그것은 진실한 수행의 공덕이 아닙니다. 그렇게 소중하게 여기고 전력을 다했던 보시와 수행의 공덕은 쥐려고 애를 쓸수록 흩어지는 손바닥의 모래알과 같습니다. 밖에서는 아무것도 구할 수 없습니다. 억지로 힘을 써서도 얻을 수 없습니다.

소태산 대종사께서도 "세상 사람들이 여의보주와 해인海印을 경전 가운데에서나 명산대천에서 찾아보려고 애쓰고 있다. 그러나, 그러한 사람은 마치 물에서 달을 건지려고 애쓰는 것 같아서 평생 정력만 소모시키고 세월만 허비하고 말 것이니 어찌 어리석지 아니하리오. 자기의 마음을 얻어 보아서 마음 가운데 욕심 구름을 걷어 버리며 그 마음에 적공을 들여서 하고 싶은 것과 하기 싫은 것에 자유자재할 힘만 있고 보면 그가 곧 여의보주인 것이다[『대종경선외록』 영보도국장, 5절]."

억지로 구하지 말고 오직 있는 그대로 자신의 마음을 바라보기만 하십시오. 좌선을 할 때도 마찬가지입니다. 망상이나 졸음이 올 때, '왜 이렇게 망상이 떠오르고 조는 걸까? 나는 근기가 낮은 걸까? 졸지 말고, 잡념을 없애고 더 잘해야 되는데 …' 등의 갖가지 망상이 떠오릅니다. 그러나 이렇게 애를 쓰고 용을 써도 망상이나 졸음이 사그라지기는커녕 오히려 꼬리에 꼬리를 물게 됩니다. 자신을 통제하려는 노력이 반대로 통제 불능의 상태를 만듭니다. 이럴 땐 그저 내려놓고 마음을 쉬게 만드는 것이 더욱더 빠르게 망상과 졸음을 제어하는 방법입니다.

저는 우연한 인연으로 어린 시절부터 익힌 기공氣功과 태극권太極拳을 지금도 수행하고 있습니다. 처음엔 어찌나 재미가 있는지 시간 가는 줄 모르고 종일 수련을 했습니다. 그러나 빨리 고수高手가 되고 싶은 욕심에 억지로 밀어붙이면서 연습을 하다 보니 마음에는 조급증과 몸에는 긴장이 찾아왔습니다. 애를 쓰고 애를 썼지만 진도는 나가지 않았습니다. 그때 저를 지도하셨던 사부師傅께서는 더 치열하게 밀어붙이라고 하는 것이 아니라, "당분간은 쉬면서 힘 빼고 노는 것처럼 수련해라"라고 말씀하셨습니다. 사실 모든 수행은 애쓴다고 이루어지지 않습니다. 반대로 긴장을 푸는 것에서 시작한다는 것을 이처럼 몸으로 체득하게 됐습니다.

'욕속부달欲速不達', 서두르면 이룰 수 없습니다. 애쓰지 말고 몸과 마음에 힘을 뺍니다. 천천히 그리고 지그시 거기에 머무르십시오. 그때 보이는 것은 분명 이전과 같지 않을 것입니다.

33 받아들여라[持受用]

 종종 우리는 발생하는 어떠한 현상이나 사실을 감정적으로 밀어내거나 또는 화를 낸 후에 어쩔 수 없이 체념하는 경우가 있습니다. 이미 드러난 사실을 부정하거나 저항하는데 많은 정력을 소모합니다. 심신은 더욱 긴장되고 긍정적인 방향으로 흘러야 할 에너지가 엉뚱하게 소비되어 버립니다.
 신경, 근육, 뼈마디까지 다 풀어 늦추고 외계의 소리, 경계, 시비 등에 동하지 않고 다 받아들여 평온과 안정을 얻는 것이 선이요 진활선眞活禪입니다[『대산종법사 법문집 3집』 '제3편 수행' 20].
 사실 받아들인다는 말은 자신의 원칙을 훼손해 가면서 무비판, 무조건 따라오라는 것은 아닙니다. 굳어진 습관으로 긴장되고 오염된 마음을 통찰한 뒤 자발적으로 수용하라는 의미입니다. 그런 후에야 만사가 자연스럽게 드러나는 것입니다. 모든 스포츠의 기본자세가 몸에 힘을 빼는 것으로 시작하는 것과 같은 이치입니다.

이 받아들인다는 개념을 이해하기 어려운 분들이 있습니다. 대개 우리가 사용하는 언어는 이중적 의미가 있습니다. '받아들임'의 경우에는 뒤집어서 '놓아버림'과 같은 말이라고 생각해도 그리 다르지 않습니다. 받아들임의 초점이 외부에 향해 있다면 놓아버림의 초점은 내부에서 출발한다고 보면 같은 것의 다른 표현이겠죠. 어떠한 현상이나 감정을 받아들이기 힘들다면 차라리 놓아버린다고 이해하면 좀 쉬울지 모르겠습니다.

제가 선방에서 잘하는 질문이 있습니다. "분홍색 코끼리를 생각하지 마세요." 이 질문을 받은 선객은 당황하다가 웃음을 터뜨립니다. '생각하지 마세요.'라고 말했음에도 저 질문을 받자마자 머릿속에는 '분홍색 코끼리'가 떠오릅니다. 심지어 분홍색 코끼리는 실제로는 존재하지 않는 동물임에도 강렬하게 떠오릅니다. 생각하지 않겠다는 다짐이 더욱 그 생각을 강하게 생각하도록 만듭니다. 이럴 땐 의지를 내려놓고 떠오르는 그 생각을 그대로 충분히 받아들인 뒤에야 그 생각에서 자유롭게 됩니다.

우리의 마음은 일반적으로 회피와 통제에 익숙합니다. 그러나 이것은 명상에 있어 현명한 해결책이 아닙니다. 생각이라는 것은 우리가 회피한다고 피할 수 있는 것도 아니고 통제한다고 조절되는 것도 아닙니다. 마치 떠올리지 말라고 해도 자꾸 떠오르는 분홍색 코끼리처럼 말입니다.

받아들임을 놓아버림과 같은 개념으로 설명할 때 종종 거론하는 예가 바로 2014년에 개봉한 애니메이션으로 인기를 끌었던 '겨울왕국'의 주제곡 '렛잇고Let It Go'입니다. 주인공 엘사는 "마음을 열지 마라, 들키지 마라. 항상 착한 아이가 되어야 한다. 숨겨야 해, 느끼면 안 돼, 남이 알게 해선 안 돼. 근데 이젠 다들 아는걸. 놔버려, 저 멀리 이제. 더는 참을 수 없어 놔버려Let It Go, 놔버려. 문을 쾅 닫고 떠났으니 뒤돌아보지 마. 뭐라 하든 상관없어"라고 노래합니다.

이 노래는 마음을 설명하는 좋은 가사이기도 합니다. 우리는 항상 자신의 마음을 있는 그대로 느끼려고 하기보다는 감추고 외면하며 좋은 사람이 되어야 하고 부정적인 것은 숨기려고 합니다. 아프리카 원주민이 과일이 숨겨진 주둥이 좁은 항아리로 원숭이를 잡는 일화가 있습니다. 원숭이는 항아리 속의 과일을 꽉 잡고 놓지 못해 결국 사람에게 잡히고 맙니다. 그냥 놓아버리면 되는데 말입니다.

놓아버림은 이처럼 마음의 무게를 툭 내려놓는 것입니다. 놓아버리면 가볍고 홀가분해집니다. 심하게 다투며 화를 내다가 '이게 뭐 하는 짓인가' 싶으면서 웃음을 터뜨리고 긴장이 풀리는 경험이 있을 겁니다. 이처럼 받아들임과 놓아버림을 자각한다면 지금 여기에서 가장 쉽고도 놀라운 기적이 일어납니다.

34 내려놓아라 [都放下]

　남방의 성성이[오랑우탄]는 술에 대한 욕심을 내려놓지 못해 결국 자신의 목숨까지 잃게 됩니다[『대종경』 인도품 30장의 일화]. 자신에게 이익이 되는 것을 취하려는 욕심이 스스로를 함정에 빠뜨려 버린 것입니다. 집착은 어떠한 사건이나 사물 그리고 경험 등이 자신에게 유리한 것이라는 판단이 섰을 때 시작됩니다. 그것이 설사 무의식적인 선택이더라도 말입니다.
　집착은 심지어 우리가 그것을 집착이라고 알아차리지 못하게 합니다. 우리는 충동적으로 집착의 대상에 빠져들게 되는데 이것이 하나의 패턴이 되어 무한 반복하게 됩니다. 집착의 대상은 그것이 형상이 있든 없든 일정한 이미지[모양]를 가지고 있습니다. 이 이미지는 강한 에너지[힘]를 가지고 있습니다. 집착의 대상은 영원히 소유할 수 없는 것들이 대부분입니다. 그런데도 그 형상의 힘에 자석처럼 끌려가게 됩니다.

"범부와 중생들은 형상 있는 것만을 자기 소유로 하려고 탐착하므로 그것이 영구히 제 소유가 되지도 못할 뿐 아니라 아까운 세월만 허송하고 마나니, 이 어찌 허망한 일이 아니리오. 그러므로 그대들은 형상 있는 물건만 소유하려고 허덕이지 말고 형상 없는 허공 법계를 소유하는 데에 더욱 공을 들이라『대종경』성리품 26장]."

내려놓아야 할 대상은 바로 이런 허망한 이미지들입니다. 우리가 어떠한 것에 심하게 집착하게 되었을 때, 그 집착을 알아차리기만 하면 됩니다. 그렇다면 그 집착을 놓기가 한결 수월해집니다. 좌선 중 번뇌와 수마가 침노하더라도 거기에 집착하지 말고 흘려보내면 저절로 온전한 상태를 되찾게 됩니다. 알아차리는 그 순간 그것은 곧바로 물러갑니다.

처음엔 누구나 집착을 내려놓기가 어렵습니다. 그러나 조용한 방에 누워 있는 자신을 상상해보십시오. 몸과 마음을 내려놓는 순간 자연스럽게 잠들 수 있습니다. 이와 반대로 무엇에 집착하여 몸과 마음을 놓지 못하면 긴긴 불면의 밤을 얻게 됩니다. 우리의 수행도 이와 마찬가지로 내려놓을 때 더욱 참된 자아를 얻을 수 있습니다.

무한한 선線 넘어 선禪으로

일상의 경계에 반응하는 의식의 범주를 넘어 흔들림 없이 고요하고 편안한 마음을 찾는 단계!
나라는 존재조차 놓아버린 원만구족圓滿具足하고 지공무사至公無私한 과정.

명상과 마음공부

35 명상의 STAR 공식 - 1

저는 개인적으로 '명상'과 '좌선'을 다른 개념으로 분리해서 보지 않습니다. 그래서 선명상으로 묶어서 쓰기도 합니다. 따라서 제가 쓰는 명상과 좌선이라는 용어는 같은 개념으로 보아도 됩니다. 어쨌든 명상을 하든 좌선을 하든 특정시간 동안 일관된 일심一心 또는 삼매三昧의 경지에 머무른다는 것은 초보자의 경우이거나 설사 수행이 숙달된 사람이라 할지라도 상당히 어렵습니다.

특히 일심과 삼매라는 단계를 의도적으로 추구하는 경우에는 더더욱 그렇습니다. 거의 불가능에 가깝거나 설사 특정한 체험을 얻었다고 해도 그것은 '내가 일심과 삼매에 들었구나' 하는 '생각' 또는 '개념'에 불과합니다.

초보자의 경우 명상의 시간 동안 마음속으로 무엇을 하고 있어야 하는지 궁금해하는 경우도 많습니다. 많이 듣는 질문 중의 하나이고 당연한 물음입니다. 가령 30분 정도 입정入定에 잠겨 있다고 하더라도 단전주丹田住나 의두疑頭를 정해진 시간 동안 오롯하게 집중하기는 쉽지 않습니다.

집중하는 마음과 집중하지 못하는 마음 사이에 간격이 벌어지게 되면 결국 마음은 갈피를 찾지 못하고 그 즉시 여러 갈래로 분열되고 맙니다. 더구나 강한 의지로 '집중'이라는 개념에만 몰입하게 될 경우 수행은 곧 고행苦行이 됩니다. 실제로 선명상에 임하는 많은 경우에 특정 대상에 집중하는 것이 아니라 집중해야 한다는 '당위' 또는 집중이라는 '개념' 그 자체에 힘을 기울이게 되는 경우가 많습니다.

이럴 경우 집중의 과부하에 따른 두통과 소화불량 등의 '신체화 현상'이 발생하는 경우도 생기게 됩니다. 결국 명상이나 수행은 마음의 자유를 가져다주는 선물이 아니라 큰 부담을 갖고 해결해야 하는 '과제'가 되어버립니다. 이런 경우 저는 당사자에게 차라리 수행을 일시적으로 쉴 것을 조심스럽게 조언합니다. '명상의 STAR 공식'은 수행에 진전이 없고 심적 부담이 있는 이들을 위해 제가 드리는 작은 조언입니다.

첫 번째 'S'는 '멈춤Stop'입니다. 명상하는 동안 마음의 움직임에 대하여 '이렇다 저렇다' 하는 판단 또는 분별을 내려놓는 것입니다. 원불교적으로 표현하자면 분별分別과 주착住着을 멈추는 것입니다. 명상에 들어가면 곧바로 이런저런 생각이 꼬리에 꼬리를 물고 일어납니다. '다리 모양은 이렇게 해도 되는지', '호흡의 길이는 길게 해야 하는지 짧게 해야 하는지', '눈은 떠야 하는지 감아도 되는지', 이런저런 생각으로 수행의 시간을 흘려보내고 맙니다. 결론부터 이야기하자면 명상은 '그냥Just Do It' 하는 것입니다.

몇 번을 다시 물어도 정말로 '그냥 하는 것이 정답'입니다. 이미 '이거다 저거다' 하는 주객主客 분리의 분별심이 일어난 그 순간부터 명상의 시간은 망가지기 시작합니다. 그러니 우선은 멈춰야 합니다.

멈추라고 하니 또 하나의 오해가 생길 수 있어 좀 더 덧붙인다면, 생각 그 자체를 멈추라는 의미가 아닙니다. 생각을 흐르는 물처럼 자유롭게 내버려 두는 것입니다. 4대강을 막으니 강물이 썩어버린 일처럼 강을 막아 돈을 벌어야겠다는 욕망을 멈추는 것이지 강 자체의 흐름을 인위적으로 끊어버리는 것이 아닙니다. 생각을 멈추면 목석이 되어버리고 맙니다. 멈춰야 할 것은 '무엇을 멈춰야 합니까?'라고 묻는 분별分別 하나면 족합니다.

36 명상의 STAR 공식 - 2

두 번째의 'T'는 '전환Transformation'입니다. 수행은 분별을 멈추는 것만으로도 엄청난 변화가 시작됩니다. 좌선이나 명상을 하는 순간, 부담으로 다가왔던 폭포수와 같은 생각의 물결을 하나하나 있는 그대로 바라볼 수 있게 됩니다. 달리 표현하자면 태도의 '변화'라고 말할 수 있습니다. 분별과 주착이 멈추게 되면 이제껏 명상 도중, 마음의 장場에서 벌어졌던 온갖 번잡하고 혼란한 현상들이 수행을 돕는 벗으로 바뀝니다.

그래서 옛말에 '악장제거무비초惡將除去無非草 호취간래총시화好取看來總是花'라고 했습니다. 밉게 보아 뿌리 뽑으려 하면 잡초 아닌 것이 없고, 보기 좋아 돌아보면 꽃 아님이 없다는 말이죠. 옛사람의 말을 하나 더 인용한다면 '사랑하면 알게 되고 알게 되면 보이나니, 그때 보이는 것은 전과 같지 않으리라'라는 것입니다. 이 말은 조선 정조 때의 문장가 유한준이 남긴 명언입니다. 유홍준 교수의 명저 『나의 문화유산답사기』 1권에 소개된 구절로 제가 20년 넘게 좋아하는 문장입니다.

원문은 '지즉위진애知則爲眞愛 애즉위진간愛則爲眞看 간즉축지이비도축야看則畜之而非徒畜也'로 의미는 "알면 곧 참으로 사랑하게 되고, 사랑하면 참으로 보게 되고, 볼 줄 알게 되면 모으게 되니 그것은 한갓 쌓는 것이 아니다"라는 뜻입니다.

예술적 안목에 대한 글로 주로 소개가 되지만 저는 이를 '분별을 멈추면 오욕칠정을 간직한 자신의 마음마저도 있는 그대로 사랑하게 되는 엄청난 변형Transformation이 일어나고, 그렇게 되면 저절로 무아無我의 참 나가 드러나게 된다'라는 수행적 측면으로 풀어봅니다. 이처럼 판단을 멈추면 명상과 일상생활에서의 마음의 상태가 180도 전환됩니다. 이쯤 되면 진정한 수행의 큰길에 들어섰다고 볼 수 있습니다.

그다음의 'A'는 '수용Acceptance' 하는 것입니다. 명상을 하려고 앉는 순간 천 가지 만 잎사귀로 생각이 뻗어 나가기 시작합니다. 이것을 제어하겠다고 나서는 즉시 어긋나고 맙니다. 수행을 지도하다 보면 많은 초심자가 명상을 하려고 앉으면 생각이 폭포처럼 쏟아지는 현상을 느낀다고 하소연하는데, 대개 이 경우는 기존의 의식이 정화淨化되는 단계라고 볼 수 있습니다.

그러한 생각의 천만 변화를 그저 주시注視하고 받아들이는 사람이 되어야 합니다. 어떠한 현상이 일어나더라도 '나의 것, 나의 생각, 나의 느낌'이라는 에고[Ego, 我相]를 배제하고 철저하게 제3자의 객관적 시각으로 모든 것을 관찰하고 수용해야 합니다. 그 생각[客]과 나 자신[主]을 철저하게 분리해야 합니다. 마음의 세계에서 벌어지는 모든 상황과 탈동일시脫同一視해야 합니다. 생각은 생각일 뿐입니다. 100% 수용하면 100% 흘러갑니다.

 여기에서 수용受容하라는 것은 '무비판적'으로 수용하라는 것입니다. 혹자는 무비판적이라는 단어에 걸려서 '그렇다면 아무것이나 전부 수용하고 잡념을 끓이든지, 졸음에 빠지든지 마음대로 하라는 것이냐'라고 반문할 수 있습니다. 당연히 그것은 아닙니다. 졸더라도 조는 놈을 지켜보는 '그것'과 망상에 빠진 대상을 바라보는 '그것'이 또렷하게 남아 있다면 초심자의 수행으로는 훌륭한 경지입니다.

 하나 덧붙이자면 좌선이나 명상을 하는 동안 마음의 장場에서 일어난 모든 현상 중에 걸러 내고 말고 할 것이 따로 있다는 생각이 들었다면 '멈춤[S]'과 '전환[T]'이 잘 이루어진 것은 아닙니다. 이 두 가지가 무르익으면 마음에서 일어난 모든 현상은 뽑아야 할 잡초가 아니라 길러야 할 약초로 저절로 '수용[A]'이 됩니다.

37 명상의 STAR 공식 - 3

　STAR의 마지막 철자인 'R'은 '반영[反映, Reflection]'입니다. 선명상을 통해 들끓었던 내면의 분별 작용이 멈추면 그 가운데 엄청난 변화가 일어나게 됩니다. 이 변화는 자신이 삶의 주인이 되어 마음의 내부와 인간과 사물과의 관계를 주체적으로 이끌 수 있는 수용으로 나투어집니다. 그러나 이런 과정이 일회적 체험에만 그치면 진정한 수행의 묘미를 찾기 어렵습니다.

　마치 뿌리가 자양분을 받아들여 줄기를 타고 올라가 가지와 잎을 거쳐 열매를 맺듯이 진정한 수행은 자신의 삶이 직접적으로 바뀌고 이것이 그대로 실제 모습으로 '반영' 되어야만 그 효과를 봤다고 할 수 있습니다. 오늘 하루 수행을 통해 지금 여기에서의 나의 삶이 한 치도 변하지 않는다면 그런 수행은 '보기 좋은 납도끼『대종경』성리품 7장]'에 불과한 것입니다.

자신의 삶을 마음속에 가두어 놓는 것이 아니라 선명상이라는 다리를 건너 세상 속으로 던져 놓아 빠짐없이 알아차리는 경지가 바로 '반영'의 단계에서 나타나게 됩니다. 반영한다는 것은 내가 지금 써야 할 마음을 언제 어디서든 능수능란하게 대상에 비추어 사용할 수 있다는 의미입니다. 예를 들어 태극권과 같은 권법 수행에서 나를 버리고 상대를 따른다는 의미의 '사기종인捨己從人'의 단계라고 할 수 있습니다. 자신[Ego, 我相]을 내려놓을 줄 알아야 무분별과 무심의 경지에 머물 수 있는 것이고, 그래야만 상대를 완벽하게 반영하여 대결에서 승리할 수 있는 것입니다.

명상에 몰입하여 일심과 삼매의 맛을 보았다는 이들은 마음 자체가 축 늘어진 침잠沈潛 또는 혼침惛沈 상태를 삼매로 혼동하는 경우가 종종 있습니다. 침잠을 했다면 반대로 거침없이 뿜어져 나오는 용출湧出도 수시로 자유자재하는 동정일여動靜一如의 경지가 참다운 수행의 경지입니다.

소태산 대종사께서는 『정전』 '무시선법'에서 "마음을 마음대로 하는 건수가 차차 늘어가는 거동이 있은즉 시시로 평소에 심히 좋아하고 싫어하는 경계에 놓아 맡겨 보되 만일 마음이 여전히 동하면 이는 도심이 미숙한 것이요, 동하지 아니하면 이는 도심이 익어가는 증거인 줄로 알라"고 가르치셨습니다. 분별심을 벗어난 반영의 단계가 바로 경계에 부동하는 마음의 힘인 것입니다.

'명상의 STAR' 공식을 삼학공부三學工夫에 맞춰 본다면 'S-멈춤

Stop'은 안으로 분별성과 주착심을 없이하는 것을 의미하며 'T-변형Transformation'은 밖으로 산란하게 하는 경계에 끌리지 않는 '정신수양'에 해당한다고 볼 수 있습니다. 이어 'A-수용Accept'은 시비이해와 대소유무를 있는 그대로 연마하고 궁구함을 의미하는 '사리연구'에 해당한다고 본다면, 'R-반영Reflection'은 무슨 일에나 눈, 귀, 코, 혀, 몸, 마음[眼耳鼻舌身意] 육근을 작용하여 생활 속의 도심道心을 구현하는 '작업취사'의 단계로 볼 수 있습니다.

다시 이 네 가지 공식을 정산 종사께서 견성공부를 하는 데 필요한 다섯 단계를 설명하신 '견성오단見性五段 법문[『정산종사법어』 원리편 9장]'과 비교하여 설명한다면 'S-멈춤Stop'은 모든 현상이 텅 비어 분별할 것이 없다는 '진공眞空'의 소식을 아는 것이고, 'T-변형Transformation'은 그 가운데에 만물이 온전하게 구분되고 있다는 '묘유妙有'의 진리를 보는 것이라고 할 수 있습니다.

그다음의 'A-수용Accept'은 세상을 벗어나지 않고 머문 채 지혜를 갈고 닦아 원숙함을 갖추게 되는 '보림保任'의 공부가 되고, 'R-반영Reflection'은 언제 어디서든 수시로 꺼내 쓸 수 있는 '대기대용大機大用'의 활용을 의미한다고 볼 수 있습니다. 이 네 가지가 유기적으로 원활하게 진행될 때 모든 존재가 하나로 만나게 되는 '만법귀일萬法歸一'의 실체를 증거하는 것이라고 해석이 가능합니다. 이처럼 제가 밝힌 '명상의 STAR 공식'은 원불교 수행을 이해하는 키워드로 간명하게 활용할 수 있습니다.

38 원불교와 마음챙김 Mindfulness - 1

한국 불교에서 가장 널리 수행하고 있는 '간화선'에 강력한 도전 장을 낸 것이 흔히 동남아시아의 상좌부上座部 불교권의 대표적 수행법인 '위빠사나Vipasana'입니다. 90년대 초반 국내에 본격적으로 유입된 위빠사나는 흔히 관법觀法이라는 한문으로 옮기지만, 우리말로는 쉽게 '마음챙김Mindfulness'이라고 번역이 되어 지금 이 순간에도 많은 눈 밝은 수행자들에게 큰 영향을 미치고 있습니다.

그런데 이 '마음챙김'이라는 것은 불교에서만 쓰이고 우리 원불교의 수행과는 아무런 관련이 없는 개념일까요? 결론만 말씀드리면 이 마음챙김이야말로 가장 원불교적인 수행 덕목이라고 말씀드리고 싶습니다.

우선 마음챙김의 어원은 고대에 쓰인 인도어의 한 가지인 팔리Pali어의 '사띠Sati'에서 그 유래를 찾을 수 있습니다. 이는 '기억하다'와 같은 어원을 갖고 있습니다.

사전에 나타난 사띠는 기억Memory, 회상Remembrance, 주의집중Intentness of Mind, 주의 깊음Mindfulness, 인식Recognition, 의식Consciousness, 주목Intentness, 깨어있음Awareness, 관찰력Observing power 등으로 옮길 수 있습니다.

한문으로 번역할 때는 염念, 억념憶念, 수의守意, 의지意止, 지념止念 등으로 옮길 수 있습니다. 사띠를 번역하는 많은 우리말에는 마음챙김, 알아차림을 비롯해 마음지킴, 관찰, 주시, 마음집중, 주의 깊음, 주의집중, 수동적 주의집중, 새김 등이 있습니다. 그 가운데에서도 가장 많이 쓰이는 번역어는 바로 '마음챙김'입니다.

이제 마음챙김이라는 용어가 우리 원불교 수행의 개념과 어떤 관련이 있는지 살펴보겠습니다. 우리가 자주 사용하는 원불교 용어인 '대중'은 어떠한 것에 대한 기준을 의미하는 단어입니다. 그래서 '대중을 잡는다'거나 '대중을 삼는다'는 말은 '표준', '기준'을 지니라는 의미와 서로 통합니다. 이렇게 원불교 수행의 관점에서 '대중'과 '챙김'이라는 용어가 동일한 의미로 사용되고 있습니다.

『정전』'수행편', 염불법에서는 "염불 구절을 따라 그 일념을 챙겨서", '좌선의 방법'에서는 "다만 단전에 기운 주해 있는 것만 대중잡되, 방심이 되면 그 기운이 풀어지나니 곧 다시 챙겨서", '무시선법'에서는 "항상 끌리고 안 끌리는 대중만 잡아갈지니라"는 구절이 나옵니다. 마음 대중은 수행의 기준이고 표준이기 때문에 수행자라면 한 때라도 놓지 말고 이 마음 대중을 지켜가야 하는 것입니다. 이는 낯선 길을 운전할 때 내비게이션이 없으면 큰 불편을 겪는 것처럼 대중없이 마음을 이끌어 가는 것도 마찬가지로 위태로울 수밖에 없습니다.

그래서 『대종경』에는 "공부하는 사람은 세상의 천만 경계에 항상 삼학의 대중을 놓지 말아야 할 것이니, 삼학을 비유하여 말하자면 배를 운전하는데 지남침 같고 기관수 같은지라, 지남침과 기관수가 없으면 그 배가 능히 바다를 건너지 못할 것이요, 삼학의 대중이 없으면 사람이 능히 세상을 잘 살아나가기가 어렵나니라[교의품 22장]"라고 말씀하시는 것입니다.

마음 대중을 놓지 않으려면 지속적으로 챙기는 공부가 뒤따라야 합니다. '대중'과 '챙김'은 서로 떨어질 수 없는 관계를 가집니다. 아울러 대중과 챙김은 선종禪宗에서 화두를 참구參究한다는 의미와도 일맥상통합니다. 간화선看話禪에서 화두話頭를 참구하는 것을 '화두를 챙긴다'라고 표현하듯 '마음의 대중을 세운다'는 '마음을 챙긴다'는 표현과 같습니다.

39 원불교와 마음챙김 Mindfulness - 2

대중과 챙김

소태산 대종사께서는 마음 대중과 챙김의 중요성을 다음과 같이 말씀하고 있습니다. "사람의 마음은 지극히 미묘하여 잡으면 있어지고 놓으면 없어진다 하였나니, '**챙기지**[필자 강조]' 아니하고 어찌 그 마음을 닦을 수 있으리오[『대종경』 수행품 1장]."

'대중'과 '챙김'은 일견 비슷한 듯 보이지만 조금씩 다른 의미가 있습니다. 마음을 '대중잡는다'는 것은 자신의 내부와 외부에서 일어나는 분별, 주착과 일체 경계에도 흔들리지 않는[不動] 가운데 마음을 수행 대상에 일치시키는 것으로 볼 수 있습니다. 반면 '챙김'은 언제 어디고 수시로 일어나는 마음과 대상의 일치 상태를 지속시키는 원동력으로 이해해야 합니다.

비유하자면 사격선수가 자신의 총구를 과녁에 겨누는 것을 대중이라고 한다면, 과녁에 명중하기 위해 마음을 모으고 호흡을 고르는 것을 챙김이라고 볼 수 있습니다.

수호守護

소태산 대종사께서 직접 쓰신 『정전正典』 가운데에서도 가장 핵심이 되는 '일원상서원문—圓相誓願文'에는 "이 법신불 일원상을 체 받아서 심신을 원만하게 '수호守護'하는 공부를 하며"라는 구절이 보입니다. 수호라는 단어의 원래 의미는 중요한 사람이나 처소를 지키고 보호한다는 뜻입니다.

물론 서원문에서 '수호'는 사람이나 처소 등을 지칭하는 것이 아니라 원불교의 신앙의 대상이자 수행의 표본인 법신불 일원상을 체體 받고 그에 따라 몸과 마음을 지키고 보호함을 뜻한다고 볼 수 있습니다.

『정산종사법어』 원리편 4장에서도 그 사례를 찾아볼 수 있습니다. "일원의 수행은 일원의 진리를 그대로 수행하자는 것이니, 그 방법은 먼저 일과 이치를 아는 공부를 하되 그 지엽에만 그치지 말고 바로 우리 자성의 근본 원리와 일원대도의 전모를 원만히 증명하자는 것이요, 다만 아는 데에만 그칠 것이 아니라 또한

<u>회광 반조</u>하여 그 본래 성품을 잘 수호하자는 것이요, 다만 정定에만 그칠 것이 아니라 천만 사물을 접응할 때에 또한 일원의 도를 잘 운용하자는 것이니, 이 세 가지 공부는 곧 일원의 체와 용을 아울러 닦는 법이라 할 것이니라."

위에서 본 수호라는 단어는 우주에 빈틈없이 가득 채워져 있는 불성佛性, 곧 일원상의 진리를 언제든지 잊지 않고 체득體得하고 현실에 구현具顯케 하는 것이 수호의 올바른 의미로 볼 수 있습니다. 아울러『불조요경佛祖要經』에 수록된 보조 지눌 스님의『수심결修心訣』에도 "성불할 정인正因을 잃지 않거든 하물며 들어 믿으며 배워 이루어서 항상 수호하여 잊지 아니하는 이야 그 공덕을 어찌 능히 헤아리리오"라며 수호의 의미가 동일하게 쓰이고 있습니다.

소태산 대종사께서 우리에게 일러주신 마음 챙기는 방법인 수호는 특정한 때에만 이루어지는 것이 아니라, 잊지 않고[不忘], 그 마음을 지키며[守意], 언제[無時], 어디서나[無處] 실행할 수 있어야 합니다. 그러한 의미에서 이는 초기불교에서 사용하는 사띠Sati와 같은 개념입니다.

대산 종사는『정전해의』에서 '수호守護 = 검문소 설치'라고 하셨습니다. 마음이 오염되거나 물들지 않게 '수호'라는 이름의 검문소를 설치하여 늘 참된 본성을 지켜나간다는 의미에서 쓰였는데 이는 초기불교의 가장 중요한 논서인『청정도론淸淨道論』에서 사띠Sati를 '성문을 지키는 문지기Dovāriko'에 비유한 것과 동일하게 말씀하고 있습니다.

또한 2세기 안세고安世高가 번역한 『불설대안반수의경佛說大安般守意經』에서도 사띠Sati는 마음을 지킨다는 의미의 수의守意로 옮겼으며 수호守護 역시 같은 맥락으로 사용되었습니다. 아울러 사띠Sati를 설명하는 용어 중 하나인 '수호제근[守護諸根 : Indriyesu Guttadvāro]'은 감관의 문을 지킨다는 의미인데, 이는 고요히 앉아 행하는 선정 수행보다는 탁발이나 유행遊行과 같은 일상의 활동에서 유혹의 대상에 대해 육근을 억제하고 조절하는 경우에 사용됩니다. 일상 활동 속에서 육근을 원만하게 수호하는 것은 곧 심신 작용이 외부의 유혹에 흔들리지 않게 육근의 문을 잘 열고 닫고[開閉] 지켜가는 것[守護]이라고 할 수 있습니다.

40 원불교와 마음챙김 Mindfulness - 3

일심一心 · 일념一念과 집주集注

원불교의 마음 수행에 있어 마음을 끊임없이 대중잡고 챙겨 가면 도달하는 것은 대상과 내가 하나가 된 일심一心 또는 일념一念의 상태입니다. 소태산 대종사께서는 삼학수행을 강조하며, 삼학 중 '정신수양精神修養'이 목적하는 바를 "마음이 두렷하고 고요하여 분별성과 주착심이 없는 경지"로 표현했습니다. 이는 곧 수양의 목적이 '일심[또는 일념]'을 기르는 것으로 보는 것입니다.

소태산 대종사께서 일심이라는 말을 처음에는 정신집중의 의미로 쓰다가 이를 통해 지극한 입정入定의 경지에 이르게 한다는 수양의 의미로 확대해 가고 있습니다. 이처럼 마음을 오롯하게 대중잡고 챙겨가는 일심[일념] 공부를 지속해서 닦게 된다면 결국에는 삼매三昧를 증득하게 됩니다.

'집주'는 '집중'과 같은 의미가 있습니다. 일심이 마음 대중과 챙김이 확립된 상태[결과]를 나타낸다면 집주는 마음 대중과 챙김이 지속되는 상태[과정]를 의미한다고 볼 수 있습니다. 오롯한 일심은 지속적인 집주의 과정이 있어야 이루어집니다. 소태산 대종사께서는 이러한 마음 대중과 일념 집중의 상태를 "정신을 오로지 염불 일성에 '집주'하되, 염불 구절을 따라 그 일념을 챙겨서 일념과 음성이 같이 연속하게 하라『정전』'염불법' 중』."고 설명하고 있습니다.

소태산 대종사께서는 염불과 좌선은 행법이 다를 뿐 그 지향하는 바와 공덕이 같다고 했습니다. 그러므로 일념을 모으는[집주하는] 방법으로 염불뿐만 아니라 단전주선丹田住禪도 그 목적은 같습니다.

여기에서 주住 한다는 것은 다만 기운氣運 만을 주 하는 것이 아니라 먼저 뜻[意], 생각, 마음 등을 단전에 주 하는 것이 중심이 되어야 합니다. 일념[일심]의 집주는 염불과 좌선에만 중요한 것이 아니라 "어느 때를 당하나 항상 일심을 놓지 않는 것『정산종사법어』 권도편 47장"입니다.

마음을 일일日日, 시시時時, 처처處處에 챙기고 챙겨야 합니다. 그래서 제자들에게 "그 일 그 일에 일심만 얻도록 할 것이요『대종경』수행품 2장"라고 당부하거나 바느질과 약 달이는 등의 두 가지 일을 동시에 할지라도 "그 책임을 잘 지키는 것이 완전한 일심이요 참다운 공부『대종경』 수행품 17장"라고 말씀하신 것입니다.

41 원불교와 마음챙김 Mindfulness - 4

유·무념有·無念

유념有念하는 공부가 마음 대중과 챙김으로 일심을 갖자는 공부라면 무념의 공부는 대상에 집착하지 않는 것[無着]으로 모든 경계에 흔들리지 않는[不動] 공부라고 할 수 있습니다. 논리적으로 유념은 그일 그 일에 일심을 얻는 '사리연구[혜(慧) 또는 관법(觀法, 위빠사나)]'와 비교할 수 있고, 무념은 한 경계에 멈추는[—止] '정신 수양[정(定) 또는 지법(止法, 사마타)]'과 비교할 수 있습니다.

유념과 무념은 어느 것이 먼저고 어느 것은 나중이 되는 순차적 성격을 갖지 않습니다. 이 둘은 상호보완적이고 둘로 뗄 수 없는 불이不二의 관계입니다. 유무념 공부는 유념을 챙기기 위한 수행으로 위의 무념은 유념을 해야 할 때 무념한 상황으로 본질적인 의미의 무념과는 다른 것이라고 할 수 있습니다. 유념의 공부가 자칫하면 억지로라도 대상을 챙겨야한다는 강박으로 변할 수 있는데, 이러한 상황에서 유념과 무념의 적절한 대중『대종경』수행품 2장]과 안배가 필요합니다. 그러므로 마음 대중이 없는 챙김은 산란散亂함으로 흐를 염려가 있고 무념이 없는 유념은 법에 대한 집착[法縛]으로 흐를 염려가 있습니다.

주의注意

주의는 사전적으로 '마음에 새겨 두어 조심한다'는 의미와 '어떤 곳이나 일에 관심을 집중하여 기울인다'는 의미와 함께 심리학적으로는 '어떤 심적 내용이 특별히 명확하게 의식意識에 나타나 그것을 선택하고 다른 심적 내용을 억제하는 정신 기능의 작용'이라고 정의합니다.

영문으로 주의에 해당하는 단어로는 '어텐션attention', '노티스notice', '히드heed' 등이 쓰이고 있는데, 어텐션attention이 '주의', '주목', '유의'의 의미와 함께 '배려', '돌봄'의 의미가 있으며, 노티스notice는 위의 의미들과 더불어 '관찰'과 '알아차림'의 의미가 더해지고 있으며, 히드heed는 여기에 '마음에 간직하다', '새기다', '조심하다', '충분히 주의를 기울이다'의 의미가 덧붙여 있습니다.

원불교에서는 주의를 히드풀니스heedfulness로 번역하고 있는데 이는 앞에서 설명한 주의와 관찰, 알아차림과 새김이 마음속에 단단히 확립된 상태를 의미합니다. 덧붙여 히드풀니스heedfulness 는 사띠Sati의 영역인 마인드풀니스Mindfulness와도 상통하는 단어라고 볼 수 있습니다. 이처럼 주의에 해당하는 영어 단어 속에도 수호, 대중, 챙김, 유념 등의 의미가 모두 포함되고 있는 것처럼, 주의를 설명하는 교서의 내용에서도 이와 같습니다.

『정전』'수행편'에서는 주의를 다음과 같이 정의하고 있습니다. "주의는 사람의 육근六根을 동작動作할 때에 하기로 한 일과 안 하기로 한 일을 경우境遇에 따라 잊어버리지 아니하고 실행實行하는 마음을 이름이요."

주의는 11과목 정기훈련법 가운데 하나이고, 삼학 중 취사 과목으로 설정되어 있습니다. 잊어버리지 않고 기억하는 것은 마음 챙김의 중요한 방법 가운데 하나이며, 대중잡고 챙기며 유념하는 수행의 기초이기도 합니다.

42 마음공부의 네 단계

우리가 새로운 무엇인가를 배우기 위해 거쳐야 하는 네 가지의 단계가 있습니다. 그것이 학습을 통한 지식이든, 명상을 통한 지혜이든 그것을 '의식의 네 단계'라고 부르기로 하겠습니다. 그중 첫 번째 단계는 '무의식적無意識的 무지無知'입니다. 말 그대로 아무것도 모르는 것이라고 볼 수 있습니다.

무엇이 필요한지, 무엇을 배워야할지 구분이 전혀 없는 백지상태라고 할 수 있습니다. 필요를 발견하지 못하니 별로 아쉬울 것도 없고, 무엇을 구해야 할지도 모르는 상황입니다. 어떤 의미에서는 뱃속 편하고 자유로운 상태라고 볼 수 있습니다. 그러나 이 원초적 무지의 상태는 어린아이가 자신에게 닥친 위험한 상황을 인지하지 못하는 것과 같습니다.

두 번째 단계는 '의식적意識的 무지'입니다. 자기가 모르는 것이 무엇인지를 겨우 아는 상태입니다. 『논어』를 살펴보면 공자께서는 "아는 것을 안다 하고 모르는 것을 모른다 하는 것, 이것이 곧 아는 것[知之爲知之 不知爲不知 是知也]"이라고 했습니다. 여기에서는 자신의 무지를 인식하는 단계를 '의식적 무지'라고 볼 수 있습니다.

자신의 무지를 자각하는 순간, 다음 단계로 진입하기 위한 무수한 과제들이 생겨나기 때문에 이 단계가 되면 마음이 급해지기 시작합니다. 이 고개를 넘어서지 못하면 도전은 고사하고 그냥 주저앉아 현실에 안주하게 될 수도 있습니다. 대부분은 이렇다고 볼 수 있습니다.

세 번째 단계는 '의식적 지식知識'입니다. 무지의 껍질이 벗겨지고 드디어 앎[知]이 발현하는 단계입니다. 그러나 이 단계에서 알아차림과 주의심 챙기는 마음을 놓치게 되면, 지식[지혜]은 곧장 퇴보하게 됩니다. 이때는 의지를 끌어올려서라도 자신의 마음을 이끌어 가야 합니다. 이 단계에서 노력은 필수가 됩니다. 법위단계를 놓고 본다면 법法과 마魔가 서로 전쟁을 벌이는[相戰] 법마상전의 단계라고 볼 수 있습니다.

살을 빼고자 헬스클럽을 등록하고 야식을 끊는 의식적인 노력으로 며칠 또는 몇 달은 버틸 수 있습니다. 그러나 의식적 단계에서 무의식에 자리 잡은 끈덕지고 지속적인 습관과 유혹을 쉽게 물리치기 어렵습니다. 일반적인 앎과 지혜가 이 단계에서 무릎을 꿇게 되는 경우가 많습니다.

마지막 단계가 '무의식적 지식'입니다. 이 단계는 능수능란함이 극치에 도달한 상태입니다. 애써서 무엇을 하지 않아도 저절로 그렇게 되는 단계입니다. 도가의 '무위지치無爲之治' 즉 함이 없이 저절로 다스려지는[그것이 마음이든, 조직이든] 경지이며, 유가의 '종심소욕불유구從心所欲不踰矩'로 곧 하고 싶은 대로 해도 법도에 어긋나지 않은 경지이기도 합니다.

스스로를 완벽하게 파악하고 있어서 따로 무슨 인위적인 노력을 요구하지도 않게 됩니다. 자신의 무의식에서 자리 잡은 영감이 풍부하게 발달되었기 때문에 그런 것입니다. 무지無知와 무욕無欲에서 오는 행복이 아니라, 일상생활에 행복감이 충분하게 전달되기 때문에 따로 구하지 않게 되는 것이기도 합니다.

선을 하는 공부인이거나, 학습을 통해 지식을 축적하는 학자[학생]이거나, 부富를 추구하는 사람이나 누구든 무엇이든 상관없습니다. 이 글을 읽고 계신 독자의 의식은 어느 단계에 머물러 계신가요? 바로 이것이 수행자의 화두가 된다면 더할 나위 없는 기쁨이 될 것입니다.

43 결국은 사실적 도덕의 훈련이다 - 1

여기를 가도 힐링[Healing, 치유], 거기에 가도 힐링입니다. 말 그대로 힐링의 시대입니다. 솔직히 저는 이런 최근의 사회적 유행이 그리 좋게만 보이지 않습니다. 힐링의 이면에 자리 잡고 있는, 거대한 자본으로 대표되는 물질문명의 '킬링[Killing, 죽임]'이 도사리고 있기 때문입니다.

원불교의 관점에서 치유는 마음속에 갇혀버리거나, 일시적인 도피에만 머무르는 것이 아니라 『정전正典』에 기록된 '병든 사회와 그 치료법'과 같은 사회 구조적인 근본 문제에 대한 직접적 개입으로 해결되어야 진정한 마음병 치유라고 할 수 있습니다.

소태산 대종사께서는 마음병과 병든 사회를 동시에 고치는 의술로 공부의 요도인 '삼학팔조'요, 약재는 인생의 요도인 '사은사요'를 말씀하고 계십니다. 우리 원불교인은 이런 기본적이고 분명한 전제를 가지고 치유[힐링]를 봐야 합니다.

많은 분이 원불교는 총론은 강하지만 각론Technic이 부족하다고 합니다. 저는 동의하지 않습니다. 제가 그동안 공부를 해보니 영성과 치유에 관해서 소태산 대종사만큼 에둘러 가지 않고 곧장 문제의 핵심을 짚어 주고 방법을 알려 주는 분이 많지 않기 때문입니다. 참선하지 않는 제자를 꾸짖는 노승들에게 들려주신 말씀 『대종경』실시품 2장]만 살펴보더라도 "그 알고자 하는 마음의 정도를 보아서 그 내역을 말하여 주신" 세세한 자비를 읽을 수 있습니다.

흔히 지도는 영토가 아니라고 합니다. 지도를 아무리 들여다보고 있다 해도 실제로 그곳을 두 발로 밟아 보지 않으면 아무 소용이 없습니다. 순간적으로 마음을 달래 주는 자기계발서 몇 권, 한두 번의 훈련 참가를 가지고는 다만 순간적 '체험Experience'을 했다고 할 수 있어도 지속적인 치유 '상태State'에 있다고 할 수는 없습니다.

원불교에서 말하는 진정한 치유의 기반은 원불교 영성靈性 이론에 바탕 해야 합니다. 비이성적이고 종교적 초월만이 우월하다 주장하여 신비한 곳으로 고착되기보다는 사실적 도덕에 바탕 하여 초월하되 포함하는 '포월包越'의 원불교 영성이론이 정리되어야 합니다. 이러한 원불교 영성은 천지에 응한 새 회상 건설의 이상을 낮은 곳에 임하여 방언防堰의 등짐을 직접 지어 보이시며 실천으로 표현하신 소태산의 모습을 통해 발견할 수 있습니다.

그래서 저는 원불교의 영성을 '사실'적 도덕에 '기반'한 영성 Reality-based Spirituality이라고 표현하고 싶습니다. 여기에 덧붙여 원불교의 마음공부는 '사실적 도덕에 바탕한 영성 훈련Reality-based Spirituality Training'이 되어야 한다고 생각합니다. 또한 이는 소태산 대종사께서 '개교의 동기'에서 말씀하신 "진리적 종교의 신앙과 사실적 도덕의 훈련"을 동·서양의 수행법과 최신 심리학 이론에 접목하여 세상에 보급해야 합니다.

44 결국은 사실적 도덕의 훈련이다 - 2

원불교의 사실 기반 영성훈련은 다음의 세 가지에 주목해야 합니다. 첫 번째는 '몸[身]'입니다. '몸은 곧 공부와 사업을 하는 데에 없지 못할 자본『대종경』 신성품 17장'입니다. 몸이 열리면 따라서 마음도 열립니다. 원불교 명상훈련에서는 우선 요가나 기공氣功 등의 몸 수행을 통해 몸을 개방해야 합니다. 이후에 아시아 수행전통에서 몸을 다루는 핵심 포인트인 '삼단전三丹田' 또는 요가의 '차크라Chakra'에 관한 이해와 각각의 활성화를 통해 에너지를 순환시킬 수 있도록 해야 합니다. 이는 정산 종사의 '영기질' 이론에 바탕을 두고 질質과 기氣를 연결하는 기질 단련으로 연결됩니다.

두 번째로 '마음'에 주목합니다. 마음공부도 사반공배事半功倍가 필요합니다. 긴 시간을 투자하지 않더라도 효과적으로 깊은 입정 체험을 할 수 있도록 효율적으로 지도해야 합니다. 입정 체험 이

후에 구체적인 단전주丹田住의 이해와 효율적인 좌선지도를 실시해야 합니다. 이후 마음에서 벌어지는 미묘한 변화를 쉽게 감지할 수 있는 문답감정으로 공부인들의 실력을 삶에서 체화하도록 이끌어야 합니다.

원불교의 영성훈련은 세 번째로 '무의식[또는 그림자]'에 주목합니다. 살아오면서 겪게 되는 무수한 스트레스와 심리적 외상[트라우마]을 직접적으로 치유할 수 있는 실지불공과 참회 등을 통해 부정적 감정에서 해방되고 업장을 소멸시킵니다. 좌산 상사께서 '무의식 세계를 정화'할 것을 강조하신 대로 이를 통해 기氣와 영靈이 통하게 됩니다. 이는 동시에 심성단련과 연결됩니다.

이와 같이 원불교의 영성훈련은 '사실적 도덕의 훈련'을 목표로 기질수양과 심성수양『대종경』 수행품 16장]을 아울러 익히며, 구체적으로는 단전주, 좌선, 불공, 참회 등을 직접 익힐 수 있습니다. 이는 모두 현실에서 영성을 체득하고 삶을 더욱 풍요롭게 영육쌍전과 이사병행 할 수 있도록 체계를 맞춰야 합니다.

앞으로 원불교의 영성이나 명상의 훈련은 종교를 떠나 누구나 함께 할 수 있도록 종교적 색채를 조정해서 진행하도록 개념과 용어를 정리해야 하며, 성별, 나이, 문화적 배경, 지적 수준 등 다양한 특성에 상관없이 적재적소에 상황별로 분리해서 적용하도록 구성해야 합니다. 또한 교단적으로 명상지도자 양성에 전력해 대사회적인 경쟁력을 갖춰야 합니다.

선禪 넘어 선[線 : 結]으로

고요하고 편안한 명상의 경지에서 일상생활을 경험하는 단계!
새로운 인식의 틀로 일상을 지혜롭게 살아가는 과정.

부록

#실습 _ 그림모음

[그림 1] 본문 21쪽   [그림 2] 본문 23쪽

[그림 3] 본문 23쪽

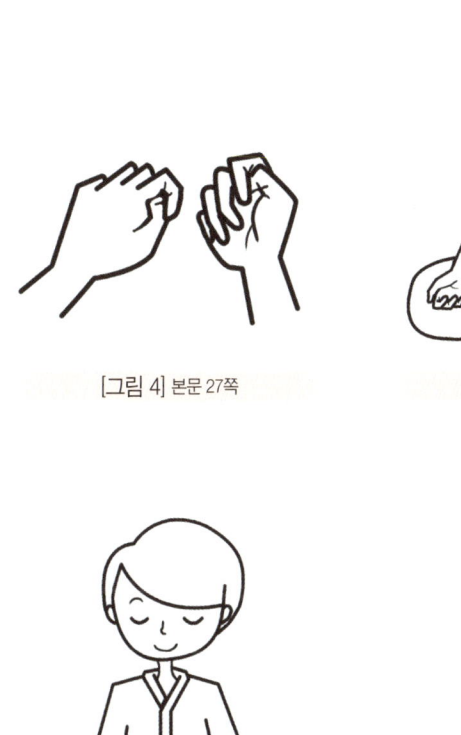

[그림 4] 본문 27쪽

[그림 5] 본문 27쪽

[그림 6] 본문 28쪽

[그림 7] 본문 29쪽

부록 • 171

[그림 8] 본문 30쪽

[그림 9] 본문 31쪽

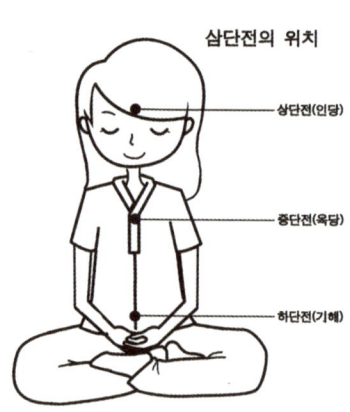

[그림 10] 본문 33쪽

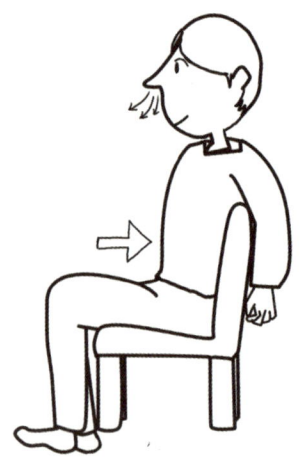

[그림 11] 본문 43쪽

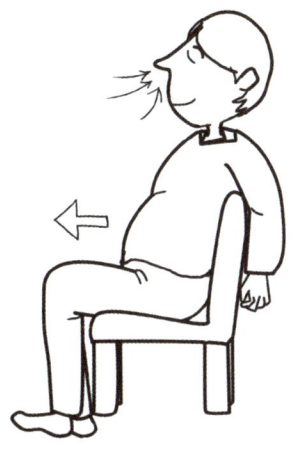

[그림 12] 본문 43쪽

[그림 13] 본문 50쪽

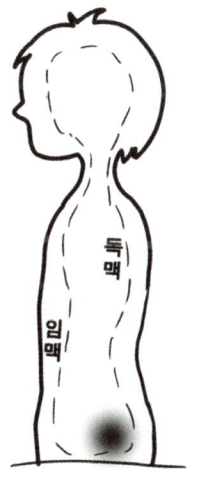

[그림 14] 본문 53쪽

[그림 15] 본문 56쪽

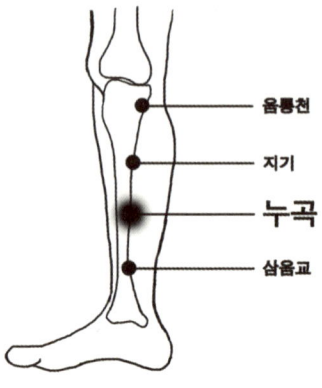

[그림 19] 본문 67쪽

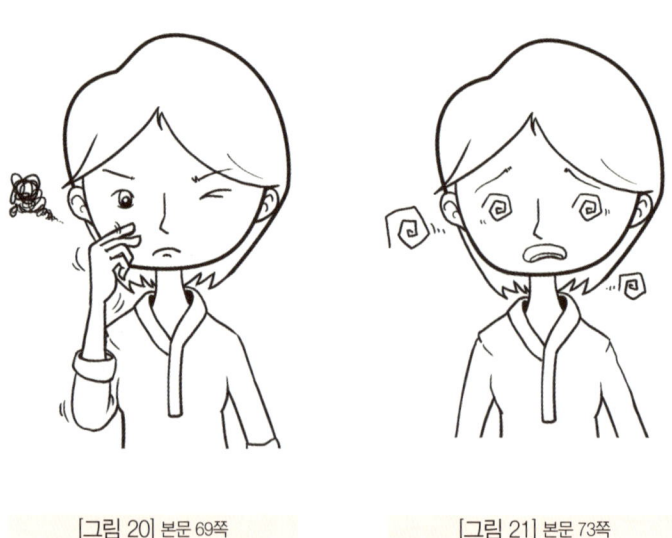

[그림 20] 본문 69쪽   [그림 21] 본문 73쪽

작품 의도 및 구성

"선線 넘어 선禪으로"

삽화 _ 이대혁 교무

이 책 본문에 실린 삽화는 명상을 통해 내 몸과 마음에 집중하는 경험의 순간을 자연의 순환적 구조로 표현했습니다.

건조한 대지에 내리는 빗방울은 생명과 성장의 바탕이 됩니다. 물은 세상 만물을 기르면서도 스스로 낮은 곳에 흐르고, 그 성질이 본래 부드러우면서도 돌도 뚫는 강인함을 가지고 있습니다.

구름에서 내린 빗방울이 모여 바다를 이루는 것처럼 우리의 마음도 순간순간의 경계를 생생히 경험하며 다양한 모습으로 성장합니다. 인생에서 겪는 다양한 순간[線:境界]을 색다른 관점[禪]으로 경험하기를 소망하며 그림으로 표현했습니다.

용어 풀이

가나다 순

MBSR[Mindfulness-Based Stress Reduction] _ 마음 챙김에 기반한 스트레스 이완 명상.

가부좌 _ 부처의 좌법坐法으로 좌선할 때 앉는 방법의 하나. 왼쪽 발을 오른쪽 넓적다리 위에 놓고 오른쪽 발을 왼쪽 넓적다리 위에 놓고 앉는 것을 길상좌라고 하고 그 반대를 항마좌라고 함. 손은 왼 손바닥을 오른 손바닥 위에 겹쳐 배꼽 밑에 편안히 놓음.

간화선看話禪 _ 화두話頭를 참구하는 참선법.

감관 _ 감각 기관과 그 지각 작용을 통틀어 이르는 말.

관원關元 _ 난임, 생리통, 생리불순, 냉 대하, 하복부 냉감 등 여성 생식기 질환 등 하초의 모든 병의 필수혈.

견갑골肩胛骨 _ 척추동물의 팔뼈와 몸통을 연결하는, 등의 위쪽에 있는 한 쌍의 뼈. 포유강은 대개 삼각형으로 '어깨뼈'를 이르는 말.

골절骨節 _ 뼈와 뼈가 서로 맞닿아 연결된 곳. 움직일 수 없는 관절과 움직일 수 있는 관절이 있음.

귀인貴人 _ 사회적 지위가 높고 귀한 사람.

기공氣功 _ 본디 기해 단전氣海丹田의 공력이라는 뜻으로, '단전 호흡'을 달리 이르는 말.

기해氣海 _ 배꼽 아래 한 치쯤 되는 부분의 급소로 한방에서 하단전을 혈로서 이르는 말.

난행難行 _ 일반적으로 하기 어려운 수행.

노르에피네프린Norepinephrine _ 교감 신경 계통의 신경 전달 작용을 하는 부신 속질에서 아드레날린과 함께 분비되는 호르몬.

뇌하수체 _ 간뇌의 시상하부 아래쪽에 매달려 있는 내분비 기관의 하나로 하수체 또는 골밑샘이라고도 함.

누곡혈 _ 안쪽 복사뼈Malleolus In-Ternus의 중심으로부터 6치 올라가서 경골脛骨 뒤쪽 아랫부분과 긴 발가락 굽 힘살[장지굴근] 사이에 있는 혈자리.

ㄷ

다미주 이론 Polyvagal theory _ 포유류의 자율신경계와 사회적 행동, 정신과적 장애에 대한 관계를 설명하는 이론. 스티븐 포지스 박사가 1994년에 발표했다. 자율신경계가 어떻게 사회적 행동, 정서적 조절, 스트레스 반응 등에 영향을 미치는지를 설명한다. 이 이론의 핵심은 미주신경vagus nerve이 복잡한 구조로 되어 있으며, 세 가지 주요 경로[배 측 미주신경(Ventral Vagal Complex), 교감신경계(Sympathetic Nervous System), 등 쪽 미주신경(Dorsal Vagal Complex)]를 통해 다양한 생리적 및 심리적 상태를 조절한다는 것이다.

대념처경大念處經 _ 냐나틸로카 스님의 『붓다의 말씀The Word of the Buddha』 가운데 바른 마음챙김[正念]에 대한 부분에 약간 손을 댄 것임.

대붕大鵬 _ 상상 속의 거대한 새.

대승大乘 _ 누구나 쉽게 할 수 있는 방법.

대중 _ 『원불교대사전』에서는 한자로 대중大中이라고 나오지만, 대상에 마음을 집중하다는 의미로 대중對中으로 쓰는 것이 타당하리라 생각됨.

도인導引 _ 도가道家에서 선인仙人이 되기 위한 양생법의 하나. 정좌, 마찰, 호흡으로 온몸의 근육과 관절을 조절하여 모든 병을 물리친다고 함.

독맥督脈 _ 기경팔맥의 하나. 회음부에서 시작하여 등의 척추 중앙선을 따라 위로 올라 목을 지나 머리 정수리를 넘어 윗잇몸의 중앙에 이르는 경맥.

ㅁ

마왕 파순波旬 _ 정법正法의 수행을 방해하는 마왕을 이르는 말로 우리가 흔히 말하는 마구니의 어원.

마음챙김 명상MBSR · Mindfulness-Based Stress Reduction _ 미국 매사추세츠 의대의 존 카

밧진 박사가 창안한 임상에 적용 가능한 명상 프로그램.

명부冥府 _ [1] 사람이 죽은 뒤에 간다는 영혼의 세계. [2] 사람이 죽은 뒤에 심판을 받는 곳.

'명상'과 '좌선'을 다른 개념으로 분리해서 보지 않습니다 _ 명상은 일상 속에 어디에서든지 할 수 있다는 개념이라면, 좌선은 '앉아서 하는' 명상이라는 점에 좀 더 초점을 두었음.

무념식無念息 _ 호흡을 의식하지 않음.

반개半開 _ 반쯤 열리거나 벌어짐. 또는 반쯤 열거나 벌림.

변연계 _ 겉에서 보았을 때 귀 바로 위쪽 또는 측두엽의 안쪽에 존재하면서 감정, 행동, 동기부여, 기억, 후각 등의 기능을 담당.

비로자나불 _ 진리 또는 깨달음 그 자체를 가리키는데, 태양을 뜻하는 인도 고대어 산스크리트의 '바이로차나Vairocana'의 음역으로 태양이 비추지 않는 곳이 없듯이 진리가 미치지 않는 곳이 없다는 의미.

ㅅ

사띠Sati _ 다른 언어인 산스크리트어梵語로는 '스므리티Smrti'라고 쓰임.

사마타samatha _ 불도를 닦기 위하여 잡념을 버리고 정신을 하나의 대상에 집중하는 일.

사반공배事半功倍 _ 들인 노력은 적고 얻은 성과는 큼.

상좌부上座部 _ 인도 소승 불교의 2대 부문部門의 하나. 석가모니가 죽은 후 100년쯤 되어 진보적인 대중부가 나타나자, 이에 맞서서 전통적인 교리를 지키려 함.

석문石門 _ 임맥任脈에 속하는 혈. 배꼽 아래 세 치 부위에 있음.

석벽石壁 _ 돌로 쌓은 벽이나 담.

선정禪定 _ 한마음으로 사물을 생각하여 마음이 하나의 경지에 정지하여 흐트러짐이 없음.

소태산 박중빈 _ 원불교의 문을 여신 분, 아명은 진섭鎭燮·처화處化, 족보명은 희섭

喜宴. 중빈은 법명. 법호는 소태산少太山. 원불교 교단의 존호는 대종사大宗師 · 원각성존圓覺聖尊으로 받들고 있음. 1891년 5월 5일(음 3.27), 전남 영광군 백수면 길룡리 영촌마을의 평범한 농가에서 부친 박회경朴晦傾 선생과 모친 유정천劉定天 여사의 4남 2녀 중 3남으로 태어났음. 어린 시절부터 진리에 뜻을 두고 오랜 구도 고행 끝에 1916년 4월 28일 일원상진리一圓相眞理를 대각하고 원불교를 창립함.

수마睡魔 _ 견딜 수 없이 오는 졸음을 악마에 비유하여 이르는 말.

수용전념치료ACT _ 인지행동 요법 또는 임상 행동 분석의 한 형태로 일반적으로 설명되는 심리 요법의 한 형태. 심리적 유연성을 높이기 위해 여러 가지 방법으로 혼합된 수용 전략과 행동 전략을 투입 및 행동 변화 전략과 함께 사용하는 경험적 기반의 심리적 개입 방법.

수하樹下 _ 나무의 아래나 밑.

시냅스Synapse _ 한 신경세포에서 다른 세포로 신호를 전달하는 연결 지점.

심단心丹 _ 마음의 원이나 믿음이 뭉치고 뭉쳐서 깨지지 않는 힘이 된 것. 서원력이나 믿음의 힘, 또는 천만 경계에도 마음이 흔들리지 않고 끌리지 않는 강인한 정신력으로 나타남. 이밖에 맑은 마음이 뭉쳐진 것을 뜻하기도 함. 『정전』'좌선법'에서는 "마음을 단전에 주하고 옥지玉池에서 나는 물을 많이 삼켜 내리면 수화가 잘 조화되어 몸에 병고가 감소하고 얼굴이 윤활해지며 원기가 충실해지고 심단心丹이 되어 능히 수명을 안보" 한다는 내용이 있음. 이때의 심단은 맑은 마음이 오래 지속해서 모이고 쌓여 뭉친 것을 뜻함.

심인心印 _ 선원에서, 글이나 말로 나타낼 수 없는 내심內心의 깨달음을 이르는 말.

아드레날린Adrenaline _ 척추동물의 부신 속질에서 분비되는 호르몬. 흰색 고체로, 물이나 알코올에 거의 녹지 않음. 교감 신경을 흥분시키고 혈당량의 증가, 심장 기능 강화에 의한 혈압의 상승, 기관의 확장, 지혈 따위의 작용을 함. 지혈제, 강심제, 천식 진정제 따위로 쓰고 화학식은 $C_9H_{13}O_3N$.

악고握固 _ 엄지를 제외한 네 손가락으로 엄지를 감싸고 주먹을 쥐는 방법.

안반수의경安般守意經 _ 위파사나의 핵심 명상법인 수식법이 설명된 불경.

알파파Alpha:波 _ 1초에 8~13펄스의 빈도로 뇌 겉질의 뒤통수 부위에서 나오는 전류. 뇌파의 하나로, 정상적인 성인이 긴장을 풀고 쉬는 상태에서 볼 수 있음.

양생養生 _ [1] 병에 걸리지 아니하도록 건강 관리를 잘하여 오래 살기를 꾀함. [2] 병의 조리를 잘하여 회복을 꾀함.

양혈 _ 약을 써서 피를 맑게 하거나 보호함.

에고Ego _ [1] 대상의 세계와 구별된 인식·행위의 주체이며, 체험 내용이 변화해도 동일성을 지속하여, 작용·반응·체험·사고·의욕의 작용을 하는 의식의 통일체. [2] 에고이즘을 따르거나 주장하는 사람. [3] 자기 자신의 이익만을 꾀하고, 사회 일반의 이익은 염두에 두지 않으려는 태도.

엔도르핀Endorphin _ 포유류의 뇌 및 뇌하수체에서 추출되는 물질을 통틀어 이르는 말. 모르핀과 같은 진통 효과가 있음.

영육쌍전靈肉雙全 _ 영적인 삶 곧 정신의 고양을 추구하는 수도의 삶과 육신의 삶, 즉 건강하고 건전한 현실 삶을 함께 온전히 완성해 가는 것을 추구하는 사상.

옥지玉池 _ 입안의 침샘.

요골수립腰骨竪立 _ 좌선할 때의 바른 자세. 허리를 반듯하게 세우고 똑바로 앉는 자세를 말함. 머리와 허리를 곧게 하여 몸을 바로 세우는 것. 허리를 똑바로 세우면 이마·코끝·턱·배꼽이 일직선이 됨. 단전주선의 바른 자세. 만약 허리가 곧게 펴지지 않고 허리가 굽어지면 단전주가 잘 되지 않음.

위파사나Vipassana _ 석가모니 시절부터 행해 온 일종의 명상 수행법으로, 우리의 일상적인 활동과 마음씀에 대해 관찰하고, 그 관찰을 통해서 깨달음을 얻는 것.

웹하드 _ 일정 용량의 저장공간을 확보해 문서나 파일을 저장·열람·편집하고, 다수의 사람과 파일을 공유할 수 있는 인터넷 파일 관리 서비스.

유념식有念息 _ 마음을 챙겨 호흡함.

유행遊行 _ 여기저기 돌아다니며 수행함.

음혈 _ '피'를 한방에서 이르는 말.

응무소주 이생기심應無所住而生其心 _ 응하여도 머무는 바 없이 그 마음을 내라는 말.

의수단전意守丹田 _ 의식을 단전에 집중하는 것.

이사병행理事並行 _ 이치와 일을 아울러 수행하자는 것.

인지행동치료CTB _ 정신 건강을 향상하는 데 가장 널리 사용되는 증거 기반 실습인 심리 사회적 개입 치료법. 경험적 연구에 따라 CBT는 현재의 문제를 해결하고 인지(사고, 신념 및 태도), 행동 및 정서적 규칙에 도움이 되지 않는 패턴을 변경하는 것을 목표로 하는 개인 대처 전략.

일상수행의 요법 _ 원불교『정전』수행편의 맨 앞에 위치하여 원불교인들이 일상생활 속에서 수행해 가는 지침으로 삼도록 한 9개의 요목. 교강9조라고도 함.

임맥任脈 _ 기경팔맥의 하나. 회음會陰에서 시작하여 몸 앞쪽의 중심선을 따라 아랫입술 밑의 혈穴인 승장承漿에 이르는 경락經絡.

ㅈ

전모 _ 전체의 모습. 또는 전체의 내용.

전전두피질 _ 겉에서 보았을 때 이마에 위치, 기억력·사고력 등의 고등 행동을 관장, 다른 연합 영역으로부터 들어오는 정보 조정, 행동 조절, 또한 추리, 계획, 운동, 감정, 문제 해결에 관여.

정념正念 _ [1] 팔정도의 하나. 정견正見으로 파악한 모든 법의 본성과 모습을 바로 기억하여 잊지 않는 일. [2] 정법正法으로 극락왕생함을 믿는 일. [3] 아미타불을 열심히 염불하는 일. 여기서는 내 마음이 오로지 호흡에 몰입된 상태가 바로 정념.

정지正知 _ 진리를 보는 바른 지혜. 여기서는 내 마음이 딴생각을 하는가 아니면 호흡을 관찰하는가를 살피는 게 바로 정지.

조복調伏 _ 몸과 마음을 항복받는 것.

조어장부調御丈夫 _ 자신의 몸과 마음을 제대로 조복調伏 받고 제어制御할 수 있는 경지.

좌측 해마 _ 대뇌 반구의 일부를 이루며 다른 대뇌 겉질과는 전혀 다른 구조로 이루어진 부분. 측두부側頭部의 밑에서 내측벽內側壁에 걸쳐 돌출하여 있는데, 후각과 관련되며 인간은 다른 포유류보다 덜 발달하여 있음.

지식止息 _ [1] 떠들썩하던 일이 가라앉아서 그침. [2] 진행하던 일이나 앓던 병 따위가 잠시 멈춤.

지엽 _ 본질적이거나 중요하지 아니하고 부차적인 부분.

ㅊ

참구參究 _ 참선하며 진리를 탐구함.
철주鐵柱 _ 쇠로 만든 단단한 기둥.
청정도론清淨道論 _ 열반의 경지에 이르는 방법을 제시한 책.
축기蓄氣 _ '강제 날숨양'의 전 용어로 호흡할 때에 최대한도로 내쉴 수 있는 폐활량.
치골 _ 골반 앞쪽에 위치한 뼈로 사타구니 부분을 의미하고 '두덩뼈'라고도 함.
침노 _ 성가시게 달라붙어 손해를 끼치거나 해침.

ㅋ

클라우드 _ 소프트웨어와 데이터를 인터넷과 연결된 중앙 컴퓨터에 저장, 인터넷에 접속하기만 하면 언제 어디서든 데이터를 이용할 수 있도록 하는 것.

ㅌ

탁발 _ 도를 닦는 승려가 경문經文을 외면서 집집을 돌아다니며 동냥하는 일. 가장 간단한 생활을 표방하는 동시에 아집我執과 아만我慢을 없애고, 보시하는 이의 복덕을 길러 주는 공덕이 있다고 하여 부처 당시부터 행하였음.
템플스테이Temple Stay _ 사찰에 머물면서 사찰의 일상생활을 직접 겪으며 불교의 전통문화와 수행 정신을 체험하는 일.
토납吐納 _ 토고납신吐古納新의 준말로 오래된 기운은 뱉고 좋은 기운만 받아들인다는 뜻.
퇴굴심 _ 수도인이 순역 경계에 부딪쳐서 정진하지 못하고 물러서거나 타락하는 마음.

ㅍ

파란 고해波瀾苦海 _ 인생을 살아가는 데 있어서 겪게 되는 온갖 역경 난경과 고통. 파波는 작은 파도, 난瀾은 큰 파도를 가리키며, 크고 작은 파도가 심하여 인생살

이의 바다를 건너가기가 험난하고 힘든 상태를 비유하는 말.

ㅎ

회백질 _ 뇌나 척수에서, 신경 세포체가 밀집되어 있어 짙게 보이는 부분.

회광 반조回光返照 _ 언어나 문자에 의존하지 않고 자기 마음속의 영성을 직시하는 것을 의미함. 원불교에서는 매 순간 매일 온전한 정신을 가지고 자신의 행위와 삶을 돌아 비추어보라고 가르치고 있음.

회음會陰 _ 성기와 항문의 가운데에 위치한 혈자리.

이 책을 만나는 모든 이들이

명상을 통해

있는 그대로의 나로

돌아갈 수 있기를 기원합니다.

"모든 날이 첫날입니다"

내 생애 첫 명상

2020년 8월 21일 초판 1쇄 발행
2024년 11월 1일 초판 2쇄 발행

지은이 　　박대성 교무(본명 : 부영)
표지디자인 　위주
본문일러스트 이솔애
본문삽화 　　이대혁 교무
교정 　　　　이경민
책임편집 　　천지은

펴낸곳 　　　도서출판 동남풍
펴낸이 　　　주영삼
출판등록 　　제1991-000001호(1991년 5월 18일)
주소 　　　　54536 전북특별자치도 익산시 익산대로 501
전화 　　　　063)854-0784
팩스 　　　　063)852-0784
홈페이지 　　www.wonbook.co.kr
인쇄 　　　　문덕인쇄

ISBN 978-89-6288-048-9(03200)
값 15,000원

＊잘못 만들어진 책은 구입처나 본사에서 교환해 드립니다.